LEBENDIGES LERNEN UND LEHREN

BAND 20

INTERAKTIONSSPIELE

FÜR JUGENDLICHE

Teil 1

Klaus W. Vopel

2. Auflage 1984

ISKO–PRESS

ISBN 3-921648-40-8

Umschlaggestaltung: Hilke Peters, Hamburg
Druck: Alsterdruck E.Schlecht, Hamburg

Für Gerd Reinhold

INHALT

Der erste Teil der 'Interaktionsspiele für Jugendliche' ist für den Druck fertiggemacht. Ich bin erleichtert und stolz auf die geleistete Arbeit. Nachdem ich mich in den letzten Wochen so intensiv mit den psychologischen Themen des Jugendalters beschäftigt habe, lasse ich nun meine Gedanken wandern.

Zunächst denke ich an meine beiden Söhne. Der neunzehnjährige Stephan bereitet sich auf sein Abitur vor und steht damit an der Schwelle zum Erwachsenenalter. Oliver wird demnächst dreizehn Jahre alt und bald kein Kind mehr sein. Die Aussicht auf beide Übergänge stimmt mich nachdenklich und schmerzlich. Für Oliver beginnt der Abschied von der Kindheit; für Stephan endet die Jugendzeit; für mich endet eine Periode, in der ich der Vater zweier Kinder war. Ich denke daran, daß ich selbst in der wichtigen Übergangsphase in der Lebensmitte stecke und daß es für mich darum geht, in der zweiten Hälfte meines Lebens neue Werte und Ziele zu betonen. Die herausfordernde Aufgabe, neue Ziele zu bestimmen, verbindet mich mit meinem älteren Sohn. Der schmerzliche Abschied von der ersten Lebenshälfte verbindet mich mit meinem jüngeren Sohn, der auf den anstehenden 'Verlust' aller errungenen Sicherheiten der Kindheit mit sehr gemischten Gefühlen reagiert.

In dieser Zeit der Lebensmitte kommen viele Kindheitserinnerungen wieder in unser Bewußtsein und unerledigte Aufgaben. Meine Gedanken gehen zurück in die Schulzeit, in die Zeit der ersten Jahre auf dem Gymnasium. In dieser Zeit des eigenen Übergangs von der Kindheit ins Jugendalter hatte ich das Glück, in Gerd Reinhold einen Klassenlehrer zu finden, der mir viel bedeutete. Er begegnete uns Schülern mit Achtung, Einfühlung und Freundlichkeit. Wir mochten ihn und waren sicher, daß er uns auch mochte. Das half, der Unsicherheit und Angst zu begegnen, die mit dem Erwerb von so viel geistiger Kompetenz verbunden waren.

Ich möchte jetzt eine alte, offene Aufgabe erledigen. Ich danke Dir, Gerd, für die persönliche Unterstützung und Ermutigung, die Du mir gegeben hast. Durch Dein persönliches Beispiel hast Du es mir erleichtert, mich für Werte zu entscheiden, die für mich persönlich und für meinen Beruf von großer Bedeutung sind.

Hamburg, im Spetember 1981 — *Klaus W. Vopel*

EINLEITUNG

Nach 'Kommunikation im ersten Schuljahr' und den 'Interaktionsspielen für Kinder' liegen hiermit die Interaktionsspiele für Jugendliche vor. Während ich in der Einleitung zu den Kinderspielen Hinweise auf lernpsychologische Aspekte der Interaktionsspiele und auf die praktische Arbeit mit ihnen gegeben habe, möchte ich hier einen anderen Weg beschreiten.
Gerade weil Mißverständnisse und Spannungen zwischen Erwachsenen und Jugendlichen so häufig vorkommen, sind meines Erachtens einige Hinweise auf besonders wichtige entwicklungspsychologische Themen des Jugendalters angebracht. Sie können Ihnen helfen, die Jugendlichen, mit denen Sie die Experimente erproben, besser zu verstehen.
Zum anderen sollen die drei Themenbereiche kurz kommentiert werden unter der Fragestellung: Welche wichtigen Belastungen und Möglichkeiten ergeben sich hier für die Jugendlichen?
Die Betonung entwicklungspsychologischer Aspekte entspringt zum einen meinem persönlichen Interesse, das eigene Leben verstärkt historisch zu betrachten, als Ablauf spezifischer Phasen mit jeweils eigenen charakteristischen Aufgaben. Zugleich habe ich in der praktischen Arbeit mit Gruppen aller Altersstufen festgestellt, daß ich den einzelnen Teilnehmer sehr viel besser unterstützen kann, wenn ich mit ihm gemeinsam herausfinde, welche Themen und Aufgaben seinem gegenwärtigen Standort im Lebenszyklus zugrundeliegen.

Das Jugendalter als Übergangsphase

Ein verhältnismäßig einfaches und plausibles Entwicklungsschema des menschlichen Lebenszyklus' arbeitet mit einer Dreiteilung. Danach verändern wir unseren biologischen und sozialen Status zum ersten Mal, wenn wir aus dem Säuglings- ins Kindesalter wechseln; dann, wenn wir vom Kind zum Erwachsenen werden, und schließlich, wenn wir aus dem Erwachsenen- ins Greisenalter überwechseln.
Jede Übergangszeit bringt Schwierigkeiten mit sich. Wir trauern darüber, daß wir einen Teil der Errungenschaften der abgelaufenen Lebensphase verlieren. Wir sind unsicher, wie weit wir den Anforderungen der neuen Lebensphase gewachsen sind und ob wir all das lernen können, was wir brauchen, um mit den neuen Gegebenheiten fertig zu werden. In jeder Übergangsphase erleben wir einen inneren Konflikt zwischen inneren und äußeren Anstößen zur Entwicklung und unserem Wunsch, alles beim Al-

ten und Bekannten zu lassen. Wir fühlen unsere Selbstachtung bedroht, wenn unser angestrebter Status nicht unserer wirklichen Verfassung entspricht.

Für Kinder ist diese Übergangsangst besonders bedrohlich, weil sie im Jugendalter erstmals bewußt damit beginnen, das ganze Potential ihres eigenen Selbst zu entdecken und zu definieren, ohne daß sie auf ein bereits bekanntes und sozusagen bewährtes Selbst zurückgreifen könnten, wie es der Erwachsene in späteren Krisenzeiten tun kann.

Im einzelnen ist für die Jugendlichen belastend, daß sie ihr Selbstwertgefühl nicht mehr in erster Linie davon ableiten können, daß sie die Kinder 'erwachsener und damit kompetenter' Eltern sind. Sie müssen versuchen, sich einen eigenen Status als selbständige Person zu erarbeiten. Sie müssen die Tatsache verarbeiten, daß der Übergangsstatus des Jugendlichen erlebnismäßig weniger wertvoll ist als der des Kindes. Sie partizipieren nämlich nicht mehr so uneingeschränkt am sozialen Prestige der Eltern und sind ungewiß, ob sie es tatsächlich einmal schaffen werden, als Erwachsene das Leben zu meistern. Kein Jugendlicher hat die objektive Sicherheit und eine Garantie dafür, daß er die Segnungen des Erwachsenen-Status' einmal genießen wird. Die daraus entstehende Angst erlebt der Jugendliche oft genug als unangenehm; andererseits dient sie als 'Stachel im Fleisch', dazuzulernen, den schwierigen Weg einer langen Entwicklungszeit fortzusetzen.

Das Dilemma der Übergangssituation des Jugendlichen kann man pointiert so ausdrücken: Er strebt in erster Linie danach, ein Erwachsener zu werden und erst in zweiter Linie danach, ein Jugendlicher zu sein.

Im Blick auf das eigene Selbst steht der Jugendliche vor folgenden Aufgaben:

1. Er muß eine größere Unabhängigkeit des eigenen Willens entwikkeln. Dazu gehört, daß er lernt, selbständig zu planen und Entscheidungen zu treffen; daß er seine Wertvorstellungen überprüft und erweitert und sie in Beziehung setzt zu wichtigen Lebenszielen; daß er neben den Eltern neue Quellen persönlicher und fachlicher Anerkennung findet, zum Beispiel in Gleichaltrigen, in Ausbildern und Lehrern; daß er sich realistische Lern- und Arbeitsziele setzt; daß er lernt, Frustrationen besser auszuhalten und die vielen Widersprüche in der eigenen Lebenssituation zu akzeptieren; daß er sich selbst kritisch beurteilen und einschätzen kann; daß er auf die besondere Nachsicht, die Kindern gegenüber gewährt wird,

verzichten kann.

2. Er muß die Bereitschaft entwickeln, Schritt für Schritt erwachsen zu werden und Selbstvertrauen auf der Basis zunehmenden Respekts vor dem eigenen Potential entwickeln.
3. Er muß langfristige Lebens- und Berufsziele ins Auge fassen lernen.
4. Er muß unabhängiger handeln auf der Grundlage eigener Urteile und eigener moralischer Verantwortung.

Diese Aufgaben werden mehr oder weniger gern in Angriff genommen, und es ist gut, wenn wir Erwachsenen hier Hilfestellung geben. Ein Anknüpfungspunkt ist das beim Jugendlichen erwachende größere Interesse am eigenen Selbst und an seinen Gefühlen.

Das Jugendalter ist also nicht allein eine Entwicklungskrise, sondern gleichzeitig eine Zeit der Ich-Aufwertung. Alte Themen aus der frühen Kindheit tauchen erneut auf, insbesondere Abhängigkeit und Unabhängigkeit, Selbstbehauptung und Unterordnung, Erotik und Sexualität.

Für alle Erwachsenen, die mit Jugendlichen arbeiten, ist es wichtig sich klarzumachen, daß die Entwicklungsprozesse im Jugendlichen nicht von selbst stattfinden, sondern daß spezifische Ansprüche wichtiger Bezugspersonen und der kulturellen Umwelt erforderlich sind. Ihr gemeinsamer Nenner lautet etwa: „Lerne zu akzeptieren, daß du für dich selbst verantwortlich bist, daß du dich einmal aus eigener Kraft ernähren können mußt. Entwickle alle deine Anlagen auf diese Ziele hin."
Um diesem kulturellen Anspruch gerecht zu werden, muß der Jugendliche die Eltern abwerten und die Bande innerer Loyalität lockern. Neue Orientierungspunkte erhält der Jugendliche in der Schule, bei Klassenkameraden und Lehrern, bei Gleichaltrigen, mit denen er in seiner Freizeit zusammenkommt, und durch die Identifikation mit nicht-familiären Vorbildern. Hier kann er darangehen, die von den Eltern übernommenen Normen zu überprüfen, ihre Brauchbarkeit zu testen und sie ggf. aufzugeben, abzuwandeln oder zu ergänzen.

Aus diesem Grund können die Interaktionsspiele die Entwicklung des Jugendlichen außerordentlich fördern. Dadurch, daß wichtige Lebensthemen in der Gruppe der Gleichaltrigen zur Sprache kommen und unterschiedliche Erfahrungen, Einstellungen und Ziele angesprochen werden, hat der Jugendliche ausgiebig Gelegenheit, den eigenen Standort mit dem anderer zu vergleichen. Er ist nicht nur auf familiäre Anschauungen und Traditionen angewiesen, sondern kann sich fragen: Was ist sonst noch möglich? Was bewährt sich im Leben? Was will ich und was kann ich?

Werte, Ziele und Interessen

Das Kind akzeptiert die Werte der Eltern in der Regel aus Loyalität, weil es sich von den Eltern akzeptiert und beschützt fühlt. Die Übernahme elterlicher Werte ist sozusagen ein Akt der Dankbarkeit und Treue, der das Band zwischen den 'allmächtigen' Eltern und dem 'unvollkommenen' Kind betont.
Der Jugendliche beginnt, die Eltern aus einer neuen Perspektive zu sehen. Er sieht ihre Stärken und Schwächen. Sie verlieren ihren Heiligenschein. Er sucht nach eigenen akzeptablen Gründen für die Beibehaltung oder Abänderung von Wertvorstellungen. Anstelle des moralischen Absolutismus' des Kindes tritt langsam ein flexibleres Gewissen, das die eigenen Ansprüche ebenso ernst nimmt wie die Belange anderer. Je älter der Jugendliche wird, desto mehr sucht er nach interpersonellen Beziehungen und Verhaltensstandards, die den Grundsatz der Gegenseitigkeit und der Gleichwertigkeit betonen. Damit gibt der Jugendliche den Egoismus und das einseitige Bedürfnis nach augenblicklicher Befriedigung des Kindes auf.
Es wird wichtig für ihn zu überprüfen, wie weit er und andere nach den inneren Standards tatsächlich handeln, und er lernt zunehmend, Diskrepanzen zwischen eigenen Werten und eigenem Handeln zu erkennen.

Die in diesem Kapitel enthaltenen Experimente stammen zu einem Teil aus der Wertemusteranalyse, einem in Amerika entwickelten Gruppenverfahren der humanistisch orientierten Pädagogik. Die einzelnen Experimente stellen die drei wichtigsten Aspekte des Wertklärungsprozesses abwechselnd in den Vordergrund. In den meisten Experimenten geht es in erster Linie um die Überprüfung und Auswahl von Werten, wobei verschiedene Wertalternativen ins Bewußtsein der Jugendlichen kommen sollen, damit sie üben können, sich für bestimmte Werte nach sorgfältiger Prüfung ihrer Brauchbarkeit zu entscheiden. Bei anderen Experimenten steht der Gesichtspunkt im Vordergrund, vor anderen einen bestimmten Wert zu vertreten und zu begründen, aus welchen inneren Motiven bzw. aus welchen rationalen Gründen dieser Wert betont werden soll. In allen Experimenten wird die Frage aufgeworfen, wie weit die Jugendlichen bereits auf der Basis bestimmter Werte handeln bzw. handeln wollen und mit welchen Konsequenzen sie dann zu rechnen haben.

Weil die Wertklärung zu den wichtigsten Aufgaben im Jugendalter gehört, habe ich besonders viele Experimente in diesen Themenbereich aufgenommen.

Schule und Lernen

Die Schule ist in erster Linie eine Institution, die dem Jugendlichen spezifische Lebensanschauungen, Wertvorstellungen und Verhaltensweisen vermittelt, um den Fortbestand der Kultur zu sichern. Daneben bildet sie die intellektuelle Tüchtigkeit der Jugendlichen aus und fördert ihre Persönlichkeitsentwicklung.
Dabei hilft sie dem Jugendlichen zunächst bei seiner Ablösung von den Eltern. Als Quelle neuen Wissens, neuer Fertigkeiten und Problemlösetechniken baut die Schule das elterliche Monopol auf Allwissenheit und Wahrheit ab. Die Lehrer stehen als fremde Erwachsene zur Verfügung, die von den Jugendlichen geliebt oder gehaßt werden können bzw. als Vorbild oder als abschreckendes Beispiel erlebt werden.
Eine weitere psychologische Funktion der Schule ist es, dem bewußten Willen des Jugendlichen ein geeignetes Übungsfeld anzubieten. In den seltensten Fällen kommen die Jugendlichen spielerisch durch die Institution Schule; sie müssen vielmehr ihren Willen einsetzen, um sich in schulische Rituale und Stundenpläne einzufügen und um Kenntnisse und Fertigkeiten in den Bereichen zu erwerben, für die sie kein natürliches Interesse mitbringen. Sie müssen sich auf Lehrer und Mitschüler einstellen, die sie schwierig oder sogar unangenehm finden.
Schließlich hat die Schule die Aufgabe, dem Jugendlichen genügend fachliches Können zu vermitteln, so daß er sich auf die spätere Berufstätigkeit vorbereiten kann. Sie ist für ihn das Sprungbrett von dem Interimmsstatus des Jugendlichen zum Status des Erwachsenen mit ökonomischer Selbständigkeit.

Für die einzelnen Jugendlichen sind Lehrer und Mitschüler die wichtigsten Partner im Lernprozeß. Sie erleben den Lehrer vor allem in drei Rollen, als Vermittler des späteren Status', als Freund und als Gegner. Sie betrachten die Lehrer als wichtige persönliche Einflußfaktoren in ihrem Leben. Der Umgang mit Lehrern als nachelterlichen Autoritäten wird für die Jugendlichen leichter, wenn die Lehrer es vermeiden, psychologisch wie Eltern aufzutreten; wenn sie die Würde und Gefühle der Jugendlichen achten; wenn sie darauf verzichten, ihr überlegenes Wissen zur Einschüchterung zu gebrauchen bzw. ihre überlegene Position zur Disziplinierung der Jugendlichen. Sie können die notwendige Arbeits- und Lerndisziplin dann am besten sicherstellen, wenn sie mit den Schülern rationale und funktionale Spielregeln erarbeiten auf der Basis gegenseitiger Verpflichtung und wenn sie sich selbst vorbildlich verhalten. Die Jugendlichen beurteilen die Erwachsenen mindestens so sehr nach ihren Handlungen wie nach ihren

Worten.
Um der bedeutenden Rolle, die die Lehrer für die Jugendlichen spielen, gerecht zu werden, sind in diesem Kapitel eine Reihe Experimente aufgenommen, in denen es um die Beziehung zwischen Lehrern und Schülern geht, um die Erwartungen aneinander und um faire Rückkopplungsprozesse.
Neben den Lehrern sind die Mitschüler für den einzelnen Jugendlichen die wichtigsten Lernpartner. Bedauerlicherweise ist das Klima in den Schulen – besonders in den oberen Klassen – von Rivalität und Feindseligkeit ebenso geprägt wie von Verständnis und Unterstützung. Da die Anerkennung und Ermutigung durch die Altersgenossen einen wichtigen Beitrag zur Entwicklung des jugendlichen Selbstwertgefühls leisten können, sind eine Reihe von Experimenten ausgewählt worden, die der Ermutigung des einzelnen dienen.
Schließlich beschäftigen sich eine ganze Anzahl von Experimenten mit dem Lernen selbst. Im Vergleich zu Kindern wird das Lernen Jugendlicher weniger dadurch motiviert, daß sie anderen gefallen wollen, sondern sie möchten ihre Tüchtigkeit erweitern, Umfang und Qualität ihrer Lernziele selbst setzen und Probleme lösen, die sie reizen. Die ausgewählten Experimente helfen den Jugendlichen, eigene innere Einstellungen zum Lernen bewußter zu erkennen, wichtige Aspekte des Lernprozesses zu verstehen und die Haltung des forschenden Lernens stärker auszubauen.

Arbeit und Freizeit

Die Arbeit der meisten Jugendlichen hat, wie das Lernen in der Schule, immer noch einen gewissen Übergangscharakter. Oft arbeiten die Jugendlichen noch nicht in dem Tätigkeitsbereich bzw. auf der Kompetenzebene eines Berufes, die sie anstreben. Der Vorteil gegenüber dem Lernen in der Schule ist jedoch, daß der Jugendliche für seine Tätigkeit Geld bekommt und damit im eigenen Bewußtsein selbständiger ist als der gleichaltrige Schüler. Außerdem gibt die Berufstätigkeit dem Jugendlichen häufig mehr zuverlässige Informationen über berufliche Alternativen, als dies die Schule vermag, und er erhält hier nüchterne Rückmeldungen über das eigene fachliche Kompetenzniveau und über Stärken und Schwächen seiner Persönlichkeit. Die ersten Berufserfahrungen helfen ihm, Korrekturen in der bisherigen Berufsplanung vorzunehmen.

Die berufliche Praxis legt es nahe, daß der Jugendliche sich klar wird über die Ansprüche, die er an Kollegen und Vorgesetzte hat. Enttäuschungen und Erfolge und die Tatsache, daß er den größten Teil seiner Zeit mit Arbeit verbringt, veranlassen den Jugendlichen, daß er die eigene innere Einstellung, seine Hoffnungen und Erwartungen an den Beruf schärfer durchdenkt, als das während der Schulzeit der Fall war.

Die hier zusammengestellten Experimente sind in erster Linie für die Jugendlichen gedacht, die nach Abschluß der Schule gerade in die Welt der Arbeit eingetreten sind als Auszubildende oder Anlernlinge. Sie geben dem Jugendlichen Gelegenheit, die innere Einstellung zur Arbeit bzw. klassische Problembereiche bei der Arbeit abzuklären.
Einige wenige Experimente beziehen sich auf Fragen der Zeiteinteilung und auf die Gestaltung der Freizeit.

WERTE, ZIELE

UND INTERESSEN

Nr.1
Zu neuen Ufern
(nach Howe/Howe)

Ziele
In diesem Experiment können sich die Jugendlichen bewußt machen, welche Werte sie im menschlichen Miteinander zur Geltung bringen möchten. Sie können üben, mit anderen gemeinsame Wertvorstellungen zu entwikkeln, und sie können herausfinden, welche Prioritäten sie einzelnen Werten geben wollen und können.

Teilnehmer
ab 16 Jahren

Zeit
mind.6o Minuten.

Material
Formular 'Zu neuen Ufern'

Anleitung

Ich möchte euch ein Experiment vorschlagen, bei dem ihr euch klarmachen könnt, welche Werte ihr dem menschlichen Zusammenleben gern zugrundelegen wollt.

In unserer Kultur existieren viele unterschiedliche Werte, die sich zum Teil ergänzen, zum Teil widersprechen. Unsere Eltern haben uns vermittelt, welche Werte ihnen wichtig sind, und zunächst übernehmen wir – ohne besonders darüber nachzudenken – viele ihrer Maßstäbe. Je älter und erwachsener wir werden, desto mehr steht jeder vor der Aufgabe, sich klarzumachen, worauf es ihm im Leben ankommt und welche Werte er zur Richtschnur seines Handelns machen will. Nur wenn ich mir bewußt mache, was für mich persönlich wertvoll ist, kann ich – wenigstens zum Teil – dafür sorgen, daß in meinem Leben und in meiner Umgebung diese Werte berücksichtigt werden. Und nur dann kann ich mit anderen darüber verhandeln, welche Spielregeln für das Zusammenleben gelten sollen.

In unserem Experiment könnt ihr zunächst versuchen, für euch allein Antworten auf diese Fragen zu finden, um dann in kleinen Gruppen eure persönlichen Anschauungen mit denen anderer zu verbinden.

Überlegt einen Augenblick, mit welchen Gruppenmitgliedern ihr nachher gern in einer Sechsergruppe arbeiten wollt...

Material für die Teilnehmer

Zu neuen Ufern

Welche Werte möchtest Du in einer neuen Zivilisation besonders betonen?

Bringe die angegebenen Werte in eine Rangreihe, indem Du sie von 1 bis 14 numerierst. Dabei soll die Ziffer 1 den Wert bezeichnen, der Dir am wichtigsten ist und die Ziffer 14 den Wert, auf den Du am ehesten verzichten könntest.

( ) *Reichtum*

( ) *Gleichheit*

( ) *glückliches Familienleben*

( ) *Fortschritt*

( ) *Tradition*

( ) *Freiheit*

( ) *Liebe*

( ) *Gesundheit*

( ) *Frieden*

( ) *Gerechtigkeit*

( ) *Schönheit*

( ) *Weisheit*

( ) *Glück*

( ) *Ausbildung*

Steht nun bitte auf und geht auf die Teilnehmer zu, mit denen ihr eine Gruppe bilden wollt. Verhandelt miteinander und kommt dann in Sechsergruppen zusammen...

Warten Sie, bis sich die Gruppe entsprechend aufgeteilt hat.

Schaut euch jetzt noch einmal die Gruppe an, in der ihr nun seid, und seht euch auch die anderen Gruppe an... Seid ihr wirklich mit den Personen zusammen, mit denen ihr gemeinsam arbeiten wollt? Oder möchte der eine oder andere von euch noch einen Wechsel vornehmen?...

Greifen Sie ggf. helfend ein.

Merkt euch, wer zu eurer kleinen Gruppe gehört und kehrt auf euren Platz zurück...

Ich möchte nun das Experiment beschreiben. Versetzt euch in der Phantasie in das vielleicht zu erwartende galaktische Zeitalter, in dem es möglich sein wird, den Weltraum zu bevölkern. Stellt euch vor, daß ihr alle zu einem neuen Planeten aufbrecht, der unserer Erde sehr ähnlich ist. Dort wird jede Kleingruppe ein riesiges Stück Land erhalten, um eine neue Zivilisation zu beginnen. Die Aufgabe jeder Gruppe ist es, die wichtigsten Werte der Zivilisation unserer Erde in die neue Umgebung zu übertragen. Dabei habt ihr die Auswahl zwischen 14 verschiedenen Werten, die vorgegeben sind. Zunächst möchte ich, daß sich jeder für sich selbst darüber klar wird, welche Werte für ihn besonders wichtig ist. Dazu habe ich ein Formular vorbereitet, das ihr allein für euch bearbeiten sollt. Ihr habt dafür 1o Minuten Zeit...

Ich möchte, daß ihr nun in eurer kleinen Gruppe zusammenkommt und euch auf den nächsten Teil des Experiments vorbereitet...

Ihr werdet an einer Werte-Auktion teilnehmen, um für eure Zivilisation, die eure Sechsergruppe aufbauen soll, Werte zu ersteigern. Dabei kann jeder der 14 Werte nur einmal erworben werden. Jede Gruppe hat eintausend Punkte, die sie für die Ersteigerung ihrer Werte benutzen kann. Wenn ihr eure Punkte verbraucht habt, könnt ihr keine weiteren Werte mehr erwerben.

Überlegt euch in der Gruppe zunächst, welche Werte ihr gemeinsam für besonders wichtig haltet und einigt euch auch, wie ihr bei der Auktion vorgehen wollt, wenn ihr eure Interessen mit denen der anderen Gruppen konfrontiert seht.

Habt ihr verstanden, worum es geht?... Trefft euch nun in eurer Sechsergruppe und bereitet die Auktion vor. Für diesen Schritt habt ihr 2o Minuten Zeit...

Prüfen Sie, ob diese Zeit ausreicht und verlängern Sie sie ggf.

Kommt jetzt wieder alle zusammen, so daß ich mit der Auktion be-

ginnen kann...
Wählen Sie einen der Werte und spielen Sie dann möglichst echt einen Auktionator, der in Zehn-Punkte-Schritten einen möglichst hohen 'Preis' für die einzelnen Werte erzielen will. Bieten Sie die Werte in einer Ihnen passend erscheinenden Reihenfolge an, bis entweder alle Werte ersteigert sind oder die Gruppen keine Punkte mehr haben. Notieren Sie für jede Gruppe die ersteigerten Werte und die 'gezahlten Preise'.

Die Auktion ist nun zu Ende, und ich möchte jeder Gruppe Gelegenheit geben, einige der folgenden Fragen untereinander zu diskutieren: Welche Werte haben wir ersteigert? – Welche Art von Zivilisation werden wir mit ihnen haben? – Möchte ich gern in dieser Gesellschaft leben? – Wie zufrieden bin ich mit dem Vorgehen meiner Gruppe bei der Auktion? – Wie sind die Entscheidungen zustande gekommen?

Ihr habt für eure Diskussion 15 Minuten Zeit...

Stoppt nun euer Gespräch und kommt zur Schlußauswertung in den großen Kreis zurück... Ich möchte, daß wir zu Beginn von jedem hören, welchen Wert er persönlich an die erste Stelle gesetzt hat...

Auswertung

- Wie hat mir dieses Experiment gefallen?
- Wann war ich am meisten engagiert?
- Welchen Wert habe ich an die erste Stelle gesetzt, und was bedeutet mir dieser Wert sonst im Leben?
- Welche dieser Werte werden in meiner Umgebung besonders geschätzt? – Welche werden zu wenig ernst genommen?
- Was ist mir bei der Arbeit in meiner Gruppe aufgefallen? – Was hat mir gefallen? – Was hat mich gestört?
- Welche Werte haben wir in unserer Kleingruppe bei der Zusammenarbeit tatsächlich berücksichtigt?
- Welche Werte spielen in unserer Gruppe sonst eine wesentliche Rolle?
- Mit wem spreche ich im Alltag über solche Fragen?
- Hätten meine Eltern diese Werte ähnlich beurteilt wie ich?
- Was möchte ich sonst noch sagen?

Erfahrungen

Dies ist ein sehr lebendiges Experiment, das sich auch gut für Erwachsene eignet bzw. als Ausgangspunkt für eine Projektarbeit mit Jugendlichen wie zum Beispiel: 'Planung einer neuen Stadt oder eines neuen Staates'.

Nr.2

Was zu einem Freund gehört

(Vopel)

Ziele

Dieses Experiment hilft den Jugendlichen zu klären, welche Charakterzüge sie am anderen in einer engen Beziehung besonders schätzen. Gleichzeitig können sie üben, ihre persönlichen Präferenzen anderen gegenüber zu begründen und für ihre Überzeugungen einzutreten.

Teilnehmer

ab 14 Jahren

Zeit

zwischen 1 und 2 Stunden, je nach Gruppensituation

Material

Sie brauchen für jeden Teilnehmer eine Karte im Postkartenformat. Schreiben Sie auf jede Karte eines der nachfolgenden Persönlichkeitsmerkmale. (Ist die Gruppe kleiner, treffen Sie eine Auswahl.)
Aufrichtig — lustig — selbstsicher — ordentlich und ruhig — durchsetzungsfähig — mutig — kooperativ — kreativ — treu — verantwortlich — fürsorglich — selbständig — unabhängig — vernunftbetont — erfolgreich — neugierig — spontan — freundlich — flexibel — aufgeschlossen — hilfsbereit — zärtlich — phantasievoll — anpassungsbereit — gefühlsbetont — sinnlich — unternehmungslustig.

Anleitung

Ich möchte euch ein Experiment vorschlagen, bei dem ihr euch klarmachen könnt, welche Qualitäten ihr bei Menschen schätzt, die euch wichtig sind, insbesondere bei einem guten Freund oder einer guten Freundin. Manchmal haben unsere Freunde ähnliche persönliche Vorzüge wie wir selbst, oft stehen bei ihnen andere Eigenschaften im Vordergrund, so daß sie uns ergänzen und bereichern können.
Ich habe eine Reihe Kärtchen vorbereitet, auf denen verschiedene Qualitäten und Eigenschaften stehen, die wir bei uns selbst und bei anderen schätzen. Ich lege sie hier in die Mitte auf den Boden...
Schaut euch die Karten an und versucht still für euch herauszufinden, welche Eigenschaft für euch persönlich bei einem guten Freund am wichtigsten ist. Laßt die Karten liegen... (ca. 5 Min.)
Ich möchte jetzt, daß ihr euch wieder hinsetzt...

Nun will ich euch den nächsten Schritt erklären: Wir werden gleich beginnen, die Karten nacheinander zu verteilen. Wer eine bestimmte Karte haben möchte, weil sie die für ihn wichtigste Qualität eines Freundes beinhaltet, kann z.B. sagen: „Ich möchte die Karte 'fürsorglich' haben. Gibt es noch jemanden, der diese Karte für sich haben will?" Wenn kein anderer diese Karte beansprucht, dann soll der einzige Bewerber der Gruppe kurz erklären, warum diese Qualität für ihn besonders wichtig ist. Die übrigen Teilnehmer können durch Fragen sicherstellen, daß sie den Betreffenden genau verstehen. Nun kann andererseits der Fall eintreten, daß zwei oder sogar mehrere Gruppenmitglieder dieselbe Karte wünschen. In diesem Fall begründet jeder nacheinander seinen Wunsch, und dann müssen die Beteiligten gemeinsam herausfinden, für wen diese Eigenschaft eines Freundes wohl am wichtigsten ist. So könnte z.B. jemand sagen: „Ich möchte einen treuen Freund. Die letzten Freunde, die ich hatte, haben sich alle als unzuverlässig erwiesen. Ich falle leicht auf Typen herein, die eine starke Show abziehen und die dann nicht halten können, was sie versprechen. Ich will es einmal mit anderen probieren, die einen längeren Atem haben." Ein anderer sagt vielleicht: „Ich brauche einen treuen Freund, weil ich zu Hause niemanden habe, mit dem ich sprechen kann und der auch einmal für mich da ist. Meine Eltern streiten sich viel, und ich habe niemanden, der zu mir hält." Prüft sorgfältig, ob ihr selbst oder aber ein anderer stärker auf diese betreffende Eigenschaft eines Freundes angewiesen ist. Wenn ihr es besonders schwer habt, euch zu einigen, können auch andere Gruppenmitglieder ihre Eindrücke und Gedanken mitteilen. Habt ihr verstanden, was ich meine?...

Wenn Teilnehmer sich nicht auf Anhieb einigen können, können Sie auch selbst Ihre Gedanken mitteilen oder die Gruppe auffordern, Assoziationen und Beobachtungen beizusteuern. Dabei ist es jedoch wichtig, daß alle diese Bemerkungen als Anregung verstanden werden und nicht als Anweisung. Manchmal ist es wichtig, eine festgefahrene Verhandlung über eine Karte zu vertagen und an anderen Karten weiterzuarbeiten.

Wer immer eine Karte für sich beansprucht und seine Begründung abgegeben und keine Mitbewerber (mehr) hat, kann diese Karte dann an sich nehmen.

Auswertung

- Wie hat mir das Experiment gefallen?
- Wie habe ich herausgefunden, was für mich die wichtigste Eigenschaft eines Freundes ist?
- Wie weit verfüge ich selbst über diese Eigenschaft?

- Habe ich einen Freund, der über diese Eigenschaft verfügt?
- Was war für mich in dieser Sitzung am wichtigsten?
- Gab es in unserer Gruppe bei der Verteilung der Karten genügend Verständnis füreinander?
- Was möchte ich sonst noch sagen?

Erfahrungen
Dieses Experiment setzt voraus, daß sich die Teilnehmer gut kennen und daß sie genügend Vertrauen zueinander haben, um sich über diesen für sie so wichtigen Lebensbereich auszutauschen. Die Situation, in der mehrere Bewerber dieselbe Karte wünschen, erfordert manchmal Geschick und Geduld vonseiten der Nichtbeteiligten, da die Frage nach der größeren Bedürftigkeit von den Betroffenen z.T. viel Einfühlungsvermögen, Selbsterkenntnis und Taktgefühl verlangt.
Sie können das Experiment variieren, indem Sie z.B. Karten mit den wichtigsten Charakteristika einer guten Mutter, eines guten Vaters, eines guten Chefs usw. beschriften.

Nr.3
Werte überprüfen
(nach Howe/Howe)

Ziele
In diesem Experiment können die Jugendlichen einige Wertvorstellungen identifizieren, die sie von wichtigen Bezugspersonen übernommen haben. Diese Wertvorstellungen beziehen sich auf für die Jugendlichen wichtige Lebensbereiche. Sie können dann Vergleiche anstellen, welche Wertvorstellungen andere in den betreffenden Bereichen übernommen haben, um das Bewußtsein für Alternativen zu entwickeln. In einem nächsten Schritt werden sie angeregt, die Quellen dieser Überzeugungen zu erkennen, um dann kritisch zu fragen, wie weit sie diesen Wertvorstellungen aus ihrer gegenwärtigen Entwicklungsstufe noch zustimmen.

Teilnehmer
ab 16 Jahren

Material
Formular 'Werte überprüfen'

Werte überprüfen

Welche Grundsätze habe ich hier gelernt?	*Von wem stammen diese Überzeugungen?*	*Wie sind sie zustande gekommen? Gib das passende Stichwort an *)*
Geld:		
Liebe:		
Zeit:		
Sexualität:		
Religion:		
Politik:		
Arbeit:		
Freunde:		
Glück:		

*) zu Spalte 3:
AUTORITÄT: Ein anderer hat mir diese Überzeugung eingetrichtert.
VORBILD: Ich habe diesen Wert von einem Menschen übernommen, der danach lebte.
NAIVE WAHL: Ich habe diesen Wert selbst spontan gefunden.
ÜBERLEGTE WAHL: Ich habe diesen Wert nach sorgfältiger Überprüfung der Konsequenzen gewählt.

Zeit
ca. 9o Minuten

Anleitung

Ich möchte euch zu einem Experiment einladen, bei dem ihr euch klarmachen könnt, welche wichtigen Überzeugungen ihr in bestimmten Lebensbereichen habt und von wem ihr sie aufgenommen habt. Werte erfinden wir in den seltensten Fällen selbst, sondern wir begegnen ihnen im Laufe unseres Lebens, wenn wir sehen, wie andere handeln, was sie denken oder sagen. Manche dieser Werte, die wir in unserer Kindheit übernommen haben, bewähren sich auch im Laufe unseres Lebens und helfen uns, das Leben zu meistern und glücklich zu werden. Andere erweisen sich als weniger praktisch. Dann tun wir gut daran, einen solchen Wert weniger stark zur Geltung zu bringen oder ihn ganz und gar aufzugeben. Es könnte zum Beispiel sein, daß mir meine Mutter beigebracht hat:„Sei immer bescheiden und nimm dich nicht so wichtig!" Mit einem solchen Wert neige ich dazu, mich unauffällig anzupassen und meine eigenen Wünsche und Interessen hinter denen anderer zurückzustellen. In der Kindheit bekomme ich dafür vielleicht einige Anerkennung, weil ich andere 'nicht störe', aber es ist sehr schwer, mit dieser Wertvorstellung ein zufriedener Erwachsener zu werden, der zu einer guten Partnerschaft in der Lage ist, der Kinder großziehen kann und beruflich tüchtig ist. Ich denke, ihr versteht, was ich meine.

Ich werde euch ein Formular 'Werte überprüfen' geben, das ihr bitte zunächst nur ansehen sollt...

Ich möchte nun, daß ihr die erste Spalte ausfüllt, über der steht: „Welche Grundsätze habe ich hier gelernt?" Schreibt für jeden der angegebenen Bereiche eine Überzeugung auf, die ihr im Laufe eures Lebens gelernt habt. Um die anderen Spalten braucht ihr euch noch nicht zu kümmern. Ihr habt 1o Minuten Zeit dafür...

Nun möchte ich, daß ihr euch kurz überlegt, mit welchen anderen Gruppenmitgliedern ihr in einer Sechsergruppe zusammenarbeiten wollt... Steht jetzt bitte auf und kommt in Sechsergruppen zusammen..

Setzt euch in eurer Kleingruppe zusammen und teilt einander mit, was ihr aufgeschrieben habt. Sprecht über Ähnlichkeiten und Unterschiede in euren Überzeugungen. Ihr habt für euer Gespräch eine halbe Stunde Zeit...

Ich möchte, daß ihr nun zunächst allein weiterarbeitet und die Spalten 2 und 3 ausfüllt. Gebt an, von wem ihr eine bestimmte Überzeugung übernommen habt, zum Beispiel vom Vater, von der Mutter, vom Pfarrer oder einem Freund. Wenn ihr eine Überzeugung selbst durch eigene Erfahrung entwickelt habt, dann gebt das an. Notiert danach in der 3.Spalte, wie es zur Übernahme dieser Werte gekommen ist, ob ihr den Wert von einer Autorität eingetrichtert bekommen habt, ob ein Vorbild diesen Wert praktizierte oder ob ihr selbst auf diesen Wert zufällig oder nach reiflicher Überlegung gekommen seid. Ihr habt 15 Minuten Zeit für diese Aufgabe...

Nun schaut euch eure Antworten still an und seht, ob euch irgend etwas auffällt. Dabei können euch folgende Fragen helfen:

Von wem habe ich besonders viele Werte übernommen? – Von wem stammen Werte, die ich heute bezweifle oder ablehne? – Gibt es wichtige Menschen, von denen ich hier keine Werte aufgeführt fand? – In welchem Ausmaß bejahe ich die angegebenen Werte?

Schreiben Sie diese Fragen für alle sichtbar auf.

Nehmt euch 5 Minuten Zeit, die Antworten in den Spalten 2 und 3 zu bedenken und zu analysieren...

Nun habt ihr noch einmal eine Viertelstunde Zeit, um in eurer Kleingruppe darüber zu sprechen, was ihr herausgefunden habt...

Kommt nun zum großen Kreis zur Schlußauswertung zusammen...

Auswertung

- Wie hat mir das Experiment gefallen?
- Habe ich etwas Neues über mich erfahren?
- Was war besonders wichtig für mich?
- Möchte ich in Zukunft etwas anders machen?
- Was möchte ich sonst noch sagen?

Erfahrungen

Dieses Experiment eignet sich für alle Gruppen. Die Diskussion in den kleinen Gruppen wird in der Regel sehr angeregt verlaufen, so daß unter Umständen mehr Zeit benötigt wird.

Nr.4
Besitz
(Vopel)

Ziele

In diesem einfachen Experiment können die Jugendlichen herausfinden, was ihnen von ihrem Hab und Gut im Augenblick am meisten am Herzen liegt.

Teilnehmer
ab 12 Jahren

Zeit
ca. 1o Minuten

Anleitung

Ich möchte euch zu einem kurzen Phantasieexperiment einladen, bei dem ihr euch klarmachen könnt, was euch zur Zeit von all euren Besitztümern besonders wichtig ist.
Nehmt eine bequeme Körperhaltung ein, entweder im Sitzen oder im Liegen...
Schließ jetzt die Augen und konzentriere dich auf deinen Körper... Wende deine Aufmerksamkeit nach innen und finde heraus, was in deinem Körper geschieht... (3o Sek.) Ist deine Lage ganz bequem? Versuche, eine noch bequemere Lage einzunehmen...
Fühlst du dich entspannt? Wenn irgendein Teil deines Körpers noch angespannt ist, dann versuche loszulassen... Wenn dir das nicht gelingt, spanne ihn ganz bewußt kräftig an – und dann laß los... Wiederhole das einige Male... (3o Sek.)
Nun achte auf deinen Atem... Wie atmest du?... Empfinde, wie die Luft durch die Nase oder den Mund einströmt... Fühle, wie sie durch deinen Hals in deine Brust und in deinen Bauch flutet... Nun stell dir vor, daß dein Atem kommt und geht, wie sanfte Wellen am Ufer des Meeres und daß mit jedem Atemzug etwas von der Spannung aus deinem Körper geht... Bemerke, wie du dich mehr und mehr entspannst... (3o Sek.)
Stell dir nun vor, daß du mit deinen Eltern von einem Ausflug nach Hause zurückkehrst... Als ihr in eure Straße einbiegt, bemerkt ihr, daß aus dem Haus, in dem ihr wohnt, Rauch quillt, ihr seht, daß der Dachboden brennt... Ihr könnt noch ohne große Gefahr eure Wohnung betreten, um wichtige Sachen zu retten. Ehe du mit deinen Eltern die wichtigsten gemeinsamen Dinge in Sicherheit bringst, gehst du, um von deinen eigenen persönlichen Sachen etwas zu retten, was für dich ganz besonders wertvoll ist. Welche zwei Gegenstände möchtest du für dich auf jeden Fall retten?... Geh und schau dich um und entscheide, worauf es dir besonders ankommt... (3o Sek.)
Nun nimm die beiden Gegenstände in der Phantasie mit hierher in den Raum. Du darfst wissen, daß die Feuerwehr rechtzeitig eintrifft und dein Elternhaus vor der Zerstörung rettet. Schau dir in der Phantasie deine beiden geretteten Gegenstände gut an... Was bedeuten sie für dich?... Was ermöglichen sie dir?... Was empfindest du,

wenn du dich auf sie konzentrierst?... (2 Min.)
Bewahre beide Gegenstände gut in deinem Gedächtnis auf und komm dann langsam mit deiner Aufmerksamkeit zur Gruppe zurück... Öffnet die Augen und schaut euch in der Gruppe um... Wer möchte uns erzählen, welche Gegenstände er in Sicherheit gebracht hat?...

Auswertung

- Wie hat mir das Experiment gefallen?
- Welche Gegenstände hätte ich vor fünf Jahren gerettet?
- Welche Gegenstände würde mein Vater für sich persönlich (meine Mutter für sich persönlich) retten wollen?
- Was bedeuten die geretteten Gegenstände für mich?
- Woher stammen sie?
- Was möchte ich sonst noch sagen?

Nr. 5
Mann/Frau der Zukunft
(nach Koberg/Bagnall)

Ziele

Was wir wirklich im Leben schätzen, können wir oft an unseren Zukunftsträumen deutlicher ablesen als bei einer einfachen Analyse unserer gegenwärtigen Gewohnheiten und Handlungsweisen. Dieses einfache Experiment hilft den Jugendlichen, einiges von dem zu klären, was für sie im Leben zählt.

Teilnehmer

ab 13 Jahren

Zeit

ca. 65 Minuten

Material

Große Bögen Zeichenpapier und Ölkreiden

Anleitung

Ich möchte euch vorschlagen, daß ihr heute einmal ein Bild von euch selbst malt. Es soll euch so zeigen, wie ihr in zehn Jahren in euren kühnsten Träumen aussehen werdet. Ihr könnt mit Strichmännchen arbeiten, wenn ihr es wollt. Es ist bei diesem Bild nicht wichtig, daß es besonders schön wird, sondern es kommt darauf an, daß die Bilder euch helfen sollen zu klären, worauf es euch im Leben wirklich ankommt, was für euch zählt. Habt ihr verstanden, was ich meine?...

Ich möchte noch einige Wünsche zu den Bildern äußern: Versucht, in euren Bildern Antworten auf folgende Fragen zu geben:

Wie möchtest du dich kleiden? – Was möchtest du tun? – Was möchtest du sagen? – Wo möchtest du leben? – Mit welchen Leuten möchtest du zusammensein? – Welche Dinge sollen dich umgeben? – Wie willst du deine Freizeit verbringen? – Wie soll dein Arbeitsplatz aussehen?

Schreiben Sie diese Fragen für alle sichtbar auf.

Schließlich möchte ich, daß ihr auf euer Bild ein oder zwei Sätze schreibt, die die verschiedenen Teile eures Zukunftstraumes miteinander verbinden und ihre Bedeutung für euer Leben zum Ausdruck bringen. Zum Beispiel könnt ihr schreiben: „Ich möchte in einem großen Haus leben, eine schöne Frau und viele Kinder haben. Beruflich möchte ich als Konstrukteur arbeiten und neue Verkehrsmittel entwickeln, die mit anderen Formen der Energie auskommen." Oder ihr könnt schreiben: „Ich möchte anderen Menschen helfen. Ich möchte in einem Land der Dritten Welt leben und dort als Ärztin arbeiten. Ich möchte keine eigenen Kinder haben, sondern mich mit meinem Mann gemeinsam um die Kinder kümmern, die es dort gibt und denen es schlecht geht."

Habt ihr verstanden, was ich meine?... Ihr habt für eure Aufgabe 2o Minuten Zeit...

Jetzt kommt zum Kreis zurück und sucht euch einen Partner, mit dem ihr euch über euer Bild unterhalten wollt... Ihr habt für euren Austausch 15 Minuten Zeit...

Nun beendet euer Gespräch und kommt zum Kreis zurück... Hängt bitte eure Bilder an den Wänden auf...

Ich möchte, daß jetzt jeder nacheinander das Bild seines Partners allen anderen in der Gruppe erklärt. Er hat dafür 2 Minuten Zeit. So können wir alle mehr voneinander erfahren und sehen, welche ähnlichen oder unterschiedlichen Wünsche in bezug auf die Zukunft bestehen...

Auswertung

- Wie hat mir dieses Experiment gefallen?
- Wann war ich am eifrigsten bei der Sache?
- Was sagen die einzelnen Bestandteile meines Bildes über meine ge-

genwärtigen Wertvorstellungen?

- Welche Werte stecken in meinen Wünschen?
- Wenn ich diese Werte in eine Rangreihe bringe, dann sind die ersten drei folgende...
- Wenn dieser Wunschtraum in Erfüllung geht: Wie werde ich mich dann fühlen?
- Was sind die Vorteile dieses Lebens, und was werden seine Nachteile sein?
- Wessen Zukunftstraum hat mich angesprochen?
- Wer hat einen ähnlichen Zukunftstraum wie ich?
- Was möchte ich sonst noch sagen?

Erfahrungen

Die einfache Struktur dieses prjektiven Experimentes bietet einen idealen Ausgangspunkt für die Analyse von Wertvorstellungen in verschiedenen Lebensbereichen. Um das Wertgefüge des einzelnen noch deutlicher werden zu lassen, können Sie zusätzlich von jedem Teilnehmer einen Wertekatalog auf der Grundlage des Bildes erarbeiten und die einzelnen Werte anschließend in eine Rangreihe bringen lassen. Helfen Sie die Frage zu klären: Welche Konsequenzen ergeben sich für das Leben aus meinem höchsten Wert?

Nr. 6
Meine Stars
(nach Howe/Howe)

Ziele

Das Experiment regt die Jugendlichen an, sich klarzumachen, welche 'Helden' für sie wichtig sind und welche Werte durch diese Figuren des öffentlichen Lebens für sie symbolisiert werden.

Oft verkörpert der Star für uns Qualitäten, die wir uns nicht selbst zu realisieren trauen. Helfen Sie den Jugendlichen, zunächst zu erkennen, daß sie weitaus mehr Qualitäten haben als sie glauben. Regen Sie sie an, Mittel und Wege zu finden, diese Qualitäten selbst stärker zu entwickeln. Wenn ich zum Beispiel Sammy Davis jr. als Enterainer schätze, dann kann ich mir vielleicht klarmachen, daß ich an ihm vor allem bewundere, daß er sich als Angehöriger einer Minorität künstlerisch so durchsetzen konnte. In einem nächsten Schritt kann ich mir dann sagen: „Ich muß mich nicht bei Millionen durchsetzen, aber wer sind die Menschen, bei denen es mir wichtig ist, mich durchzusetzen?“ Und vielleicht merke ich, daß ich in einigen

Material für die Teilnehmer

Meine Stars

	Sportler	*Schriftsteller*	*Show-Star*	*Politiker*	*Sonstige*
Zur Zeit schätze ich am meisten					
Vor fünf Jahren schätzte ich am meisten					
Am meisten bewundere ich an meinem Star, daß er...					
Wie weit kann ich in kleinem Maßstab das verwirklichen, was meinen Star auszeichnet?					

Bitte notiere, welche Stars jeweils infrage kommen. Schreibe dann auf, was Du an Deinen Stars besonders schätzt und wie Du ihre Vorzüge in Deinem eigenen Leben mehr zur Geltung bringen kannst.

mir wichtigen Punkten von den Anschauungen meiner Eltern abweiche und mich nicht traue, ihnen das zu sagen. Ich kann mir dann vornehmen, hier einmal mehr zu riskieren.

Teilnehmer
ab 12 Jahren

Zeit
ca. 4o Minuten

Material
Formular 'Meine Stars'

Anleitung

Ich möchte euch ein Experiment vorschlagen, das 'Meine Stars' heißt. Ihr könnt dabei herausfinden, welche Helden ihr habt, was sie für euch bedeuten, warum sie für euch wertvoll sind und wie ihr vielleicht in euer eigenes Leben etwas von dem Glanz jener Sterne bringen könnt. Ich habe ein Formular für euch vorbereitet, das ihr zunächst ausfüllen sollt. Ihr habt dafür 15 Minuten Zeit...

Nun kommt in Vierergruppen zusammen und tauscht euch darüber aus, was ihr aufgeschrieben habt. Ich rechne damit, daß ihr bei der Beantwortung der letzten Frage Schwierigkeiten hattet. Wir können nachher im großen Kreis gerade über diesen Punkt ausführlicher miteinander sprechen.

Für euer Gespräch in der Kleingruppe habt ihr 2o Minuten Zeit...

Kommt nun zum großen Kreis zurück... Ich möchte, daß wir uns bei unserer gemeinsamen Auswertung vor allem auf eure Überlegungen zur letzten Frage des Formulars konzentrieren...

Auswertung

- Wie hat mir das Experiment gefallen?
- Welche Werte schätze ich an meinen Stars?
- Kehrt ein und derselbe Wert mehrfach wieder?
- Verkörpern die Stars meiner Eltern dieselben Werte wie meine?
- Welche Bedeutung haben Stars für die menschliche Gesellschaft?
- Wie weit können sie mir nützen und wie weit schaden?
- Was war an diesem Experiment besonders wichtig für mich?
- Was möchte ich sonst noch sagen?

Erfahrungen
Dieses Experiment ist recht einfach bis auf die Pointe, die in der letzten

Frage des Formulars steckt. Viele Jugendliche empfinden einen inneren Widerstand gegen die Einsicht, daß sie ihr eigenes Potential wenigstens zum Teil an die Stars abgetreten haben. In diesem Fall ist es eine vergnügliche und psychologisch wirksame Taktik, wenn Sie einzelne Teilnehmer ermutigen, ihre Stars vorzuspielen, um auf diese Weise unmittelbaren und gefühlsmäßigen Kontakt zu unbewußten inneren Wünschen und Möglichkeiten herzustellen.

Nr. 7
Elf Gebote
(Vopel)

Ziele
Unser Tun und Lassen wird ebenso bestimmt von unseren Gefühlen, Stimmungen und Wünschen, wie von ethischen Grundsätzen, mit denen uns die kulturelle und religiöse Überlieferung konfrontiert. Für jeden Erwachsenen scheint es sinnvoll zu sein, wenn er aus der Fülle ethischer Prinzipien diejenigen bewußt auswählt und zur Richtschnur seines Handelns macht, die er mit seiner Existenz verbinden möchte, weil sie in einem umfassenden Sinn zu ihm 'passen'.
Für Jugendliche besteht in besonderem Maße die Aufgabe, die in den frühen Jahren oft ungeprüft übernommenen und 'heruntergeschluckten' Werthaltungen ihrer Autoritäten bewußt ins Auge zu fassen und erste Schritte zu einer Neuordnung des eigenen Wertekanons zu tun. Dazu kann dieses Experiment helfen.

Teilnehmer
ab 15 Jahren

Zeit
ca. 2o Minuten

Material
Papier und Bleistift; Formular 'Elf Gebote'.

Anleitung

Ich möchte euch zu einem Experiment einladen, das 'Elf Gebote' heißt. Ihr bekommt hier Gelegenheit, euch einmal bewußt zu machen, wie ihr zu diesen klassischen moralischen Prinzipien steht, welche für euch im Vordergrund stehen bzw. welche nicht so wich-

Material für die Teilnehmer

Elf Gebote

Im folgenden sind die Zehn Gebote in der Reihenfolge nach Luthers Kleinem Katechismus abgedruckt.
Bitte bringe sie in die Reihenfolge, die Deiner persönlichen Überzeugung entspricht. Notiere in den Klammern am Ende der Zeilen, welche Position dieses Gebot haben soll.

1. *Ich bin der Herr, dein Gott. Du sollst nicht andere Götter haben neben mir.* ( )
2. *Du sollst den Namen des Herrn, deines Gottes, nicht unnützlich führen, denn der Herr wird den nicht ungestraft lassen, der seinen Namen mißbraucht.* ( )
3. *Du sollst den Feiertag heiligen.* ( )
4. *Du sollst deinen Vater und deine Mutter ehren, auf daß dir's wohlgehe und du lange lebest auf Erden.* ( )
5. *Du sollst nicht töten.* ( )
6. *Du sollst nicht ehebrechen.* ( )
7. *Du sollst nicht stehlen.* ( )
8. *Du sollst nicht falsch Zeugnis reden wider deinen Nächsten.* ( )
9. *Du sollst nicht begehren deines Nächsten Haus.* ( )
1o. *Du sollst nicht begehren deines Nächsten Weib, Knecht, Magd, Vieh oder alles, was sein ist.* ( )

Bitte überprüfe, ob irgendein für Dich wichtiger Grundsatz in den Zehn Geboten fehlt. Wenn das der Fall ist, füge diesen Grundsatz als 11.Gebot hinzu:
11. ....

Begründe kurz die von Dir gewählte neue Reihenfolge der biblischen Gebote. Erläutere insbesondere Deine Entscheidung für das Dir wichtigste Gebot.

....
....
....

Begründe, weshalb Du einen Grundsatz als 11.Gebot hinzugefügt hast bzw. weshalb Du keine Ergänzung vorgenommen hast.

....
....
....

tig sind für euch. Außerdem könnt ihr euch fragen, ob es irgendeinen moralischen Grundsatz gibt, der im Rahmen der biblischen Gebote nicht ausgedrückt ist, der jedoch für euch von großer Bedeutung ist.
Ich habe ein Formular für euch vorbereitet und bitte euch, dies entsprechend den Anweisungen zu bearbeiten. Ihr habt dafür 15 Minuten Zeit...
Ich möchte nun, daß in einem Rundgang jeder mitteilt, welches Gebot er an die erste Stelle gesetzt und welches Gebot er als elftes hinzugefügt hat...

Auswertung

- Wie hat mir das Experiment gefallen?
- Habe ich etwas Neues gelernt?
- Mit wem unterhalte ich mich im Alltag über solche Fragen?
- Welches Gebot würde mein Vater (meine Mutter) an die erste Stelle setzen?
- Welche Erfahrungen haben mich zur Auswahl des 11.Gebotes veranlaßt?
- Weshalb brauchen die Menschen solche Grundsätze?
- Was sind die Vorteile bzw. die Nachteile, wenn der einzelne ausschließlich selbst entscheidet, von welchen Grundsätzen er sein Handeln leiten lassen will?
- Was möchte ich sonst noch sagen?

Erfahrungen

Dieses Experiment eignet sich für alle Gruppen und führt in der Regel zu lebhaften Diskussionen.

Nr. 8
Mein Sündenregister
(Vopel)

Ziele

Unsere moralischen Überzeugungen werden besonders deutlich, wenn wir uns darauf konzentrieren, was wir als unsere Schattenseite bezeichnen, auf unsere Verfehlungen und Unterlassungen. In gewisser Weise sind wir selbst unser strengster Kritiker und Richter, so daß es angebracht ist, gelegentlich eine Revision vorzunehmen, um allzu strenge Urteile aufzuheben. Unser innerer Richter spricht manchmal mit uns fremden Stimmen und Argu-

menten. Dabei handelt es sich dann oft um die Stimmen von Vater oder Mutter, Lehrer, Pfarrer, Ausbilder u.a. Wir tun gut daran, genau zu überprüfen, ob wir uns selbst kritisieren, weil wir uns nicht an Grundsätze gehalten haben, die wir nach reiflicher Prüfung für wichtig halten, oder ob wir lediglich Prinzipien verletzt haben, die nach der Meinung anderer zu beachten sind.
Gerade die Jugendlichen neigen zu einem moralischen Rigorismus, auch wenn dieser zum Teil in der Maske eines laissez-faire-Lebensstils auftritt. Dieses Experiment kann helfen, zu einer reflektierteren Einstellung in bezug auf 'gut' und 'böse' zu gelangen.

Teilnehmer
ab 16 Jahren.

Zeit
ca. 45 Minuten

Material
Formular 'Mein Sündenregister'

Anleitung

Ich möchte euch heute Gelegenheit geben, sozusagen in alten inneren Gerichtsakten zu blättern. Jeder von uns tut in seinem Leben Dinge, die er später bereut, weil sie zu unangenehmen Konsequenzen für ihn und andere geführt haben oder weil er gegen innere Grundsätze verstoßen hat.
Anschließend machen wir uns oft bittere Vorwürfe und klagen uns selbst an, oft strenger als andere das tun würden. Manchmal gehen wir sogar so weit, daß wir zu schädlichen allgemeinen Schlußfolgerungen über uns kommen, etwa in dieser Art: „Du bist eben dumm" — „Du wirst noch schlimm enden" — „Du taugst nichts" etc. Solche Selbstbeschimpfung stammt oft nicht wirklich von uns selbst, sondern wir haben diese zerstörerischen Botschaften recht früh von anderen gehört und sprechen sie immer noch nach. Auf diese Weise können wir unser Selbstwertgefühl drastisch beeinträchtigen und schaffen damit die besten Voraussetzungen, unerwünschte und schädliche Handlungen immer wieder zu begehen.
Habt ihr verstanden, was ich meine?...
In unserem Experiment könnt ihr einmal in aller Ruhe innere Bilanz machen und eure sogenannten Verfehlungen aus der Sicht des heutigen Tages neu unter die Lupe nehmen. Vielleicht könnt ihr euch in einigen Punkten 'mildernde Umstände' geben oder sogar einige der

Material für die Teilnehmer

Mein Sündenregister

Bitte notiere stichwortartig die schlimmsten Dinge, die Du in Deinem Leben getan hast:

. . . .

. . . .

. . . .

. . . .

. . . .

. . . .

. . . .

. . . .

. . . .

. . . .

Nun bringe Deine 'Sünden' in eine Rangreihe und gib der schlimmsten Tat die Nummer 1, der zweitschlimmsten die Nummer 2 usw.

Such Dir nun eine von Deinen 'Sünden' aus, die Dich innerlich noch beschäftigt und mit der Du Dich näher befassen möchtest.
Schreibe sie auf:

. . . .

. . . .

Wenn Deine Mutter von dieser Tat wüßte: Was würde sie sagen?

. . . .

. . . .

. . . .

Wenn Dein Vater von dieser Tat wüßte: Was würde er sagen?

. . . .

. . . .

. . . .

Was hast Du selbst zu dieser Tat gesagt, als Du sie begangen hast?

. . . .

. . . .

. . . .

Vergleiche die Reaktionen Deiner Eltern mit der eigenen: Gibt es so etwas wieeinen gemeinsamen Nenner?

. . . .

. . . .

. . . .

Nun betrachte Deine Tat aus einer bewußt neutralen Einstellung: Welche Werte hast Du durch Deine Tat verletzt?

. . . .

. . . .

Gibt es auch Werte, die Du durch Deine Tat verteidigt hast? Welche sind das?

. . . .

. . . .

Erörtere nun pro und contra Deiner Tat in wenigen Sätzen:

. . . .

. . . .

. . . .

. . . .

. . . .

. . . .

. . . .

Bist Du bereit, Dir diese Tat heute zu verzeihen? Versuche, Dir selbst in einigen Sätzen Amnestie zuzusprechen:

. . . .

. . . .

. . . .

. . . .

. . . .

. . . .

kritischen Urteile ganz aufheben.
Ich habe ein Formular vorbereitet, das ihr in den nächsten 3o Minuten bearbeiten sollt. Damit ihr wirklich frei arbeiten und ehrlich euch selbst gegenüber sein könnt, möchte ich euch zusichern, daß ihr eure Antworten – soweit ihr das wünscht – für euch behalten könnt... (3o Min.)
Ich möchte, daß ihr jetzt zum großen Kreis zurückkommt... Sucht euch einen Partner, mit dem ihr euch austauschen wollt. Ihr habt 15 Minuten Zeit für euer Gespräch. Entscheidet selbst, was ihr eurem Partner mitteilen bzw. was ihr für euch behalten wollt...
Kommt nun zum großen Kreis zurück,damit wir zusammen die Schlußauswertung vornehmen können...

Auswertung

- Wie hat mir das Experiment gefallen?
- Wie habe ich gefühlsmäßig auf die gestellte Aufgabe reagiert?
- Welche spezifischen Gefühle konnte ich bei mir feststellen?
- Habe ich mich zu irgendeinem Zeitpunkt erleichtert gefühlt?
- Welcher Teil der Aufgabe war für mich besonders schwer?
- Habe ich etwas Neues gelernt?
- Nach welchen Gesichtspunkten habe ich die Rangreihe meiner 'Sünden' aufgebaut?
- Habe ich bisher in meinem Leben gelernt, offen und kritisch über moralische Probleme zu sprechen?
- Wie hat mir der Austausch mit meinem Partner gefallen?
- Wie offen wollte ich sein?
- Warum ist es wichtig zu lernen, sich selbst zu verzeihen?
- Was möchte ich sonst noch sagen?

Erfahrungen

Das ist ein schwieriges, gleichwohl lohnendes Experiment, das Sie nur dann erproben sollten, wenn Sie selbst in diesem heiklen Bereich zu einer lebensfreundlichen Haltung gefunden haben. Sie müssen darauf vorbereitet sein, daß für einige Jugendliche belastendes Material ins Bewußtsein kommt, das starke Gefühle von Ärger und Trauer auslösen kann.

Nr. 9

Wenn ich Gott wäre

(nach Goodman)

Ziele

Dieses projektive Experiment hilft den Jugendlichen, wichtige Werthaltungen zu identifizieren.

Teilnehmer

ab 12 Jahren

Zeit

ca. 4o Minuten

Material

Formular 'Wenn ich Gott wäre'

Anleitung

Ich möchte euch zu einem Experiment einladen, bei dem ihr eure Phantasie einsetzen könnt, um herauszufinden, was ihr über die Welt, in der ihr lebt, denkt, worauf es euch ankommt, was ihr möchtet und was ihr nicht möchtet. Ich habe ein Formular vorbereitet und bitte euch, es zu bearbeiten. Ihr habt dafür 15 Min.Zeit...
Kommt nun zurück und sucht euch andere Teilnehmer aus, mit denen ihr in einer Kleingruppe arbeiten wollt. Ich schlage vor, daß ihr in Vierergruppen zusammenkommt...
Tauscht euch nun aus über eure Ausarbeitungen. Ihr habt für euer Gespräch 2o Minuten Zeit...
Nun stoppt und kommt zum Kreis zurück... Ich möchte, daß jeder in einem Rundgang mitteilt, was er an die erste Stelle seiner Rangordnung gesetzt hat...

Auswertung

- Wie hat mir das Experiment gefallen?
- Welche Werte sind mir besonders wichtig?
- Welche Art Gott wäre ich? Welches Adjektiv würde mich am zutreffendsten beschreiben?
- Für welchen der Werte setze ich mich im Alltag tatkräftig ein?
- Wie würde die Welt aussehen, die ich als dieser Gott regieren würde?
- Wer in der Gruppe hat ähnliche Werte wie ich an die Spitze gestellt?
- Welche Werte bestimmen das Klima in unserer Gruppe?
- Welche Werte kommen meiner Meinung nach hier bei uns zu kurz?

Material für die Teilnehmer

Wenn ich Gott wäre

Stell Dir vor, daß Du der allmächtige, alles wissende Gott der Welt bist. Bitte beende den folgenden Satz, indem Du nacheinander die angegebenen Verben verwendest:

Wenn ich Gott wäre, würde ich...

... akzeptieren, daß . . . .

aufgeben,. . . . .

respektieren, daß. . . . .

verstehen, daß . . . .

weiterhin beibehalten . . . .

vergessen, daß . . . .

folgendes ändern . . . .

folgendes ersetzen . . . .

folgendes beenden. . . . .

planen, daß . . . .

ausschließen, daß. . . . .

folgendes bekämpfen. . . . .

mich erinnern, daß . . . .

wertschätzen . . . .

verteidigen. . . . .

damit beginnen . . . .

Bringe diese Aussagen dann in eine Rangreihe, indem Du sie numerierst und der wichtigsten Aussage die Nummer 1 gibst, der zweitwichtigsten Aussage die Nummer 2 usw.

- Was kann ich tun, um die mir wichtigen Werte stärker zur Geltung zu bringen?
- Was wäre der Kommentar von meinem Vater bzw. meiner Mutter zu dem, was ich aufgeschrieben habe?
- Was möchte ich sonst noch sagen?

Nr. 1o

Meditation über Schönheit

(nach Hendricks/Roberts)

Ziele

Dieses Meditationsexperiment hilft den Jugendlichen, sich das Erlebnis ästhetischer Schönheit und die damit verbundenen Gefühle ins Gedächtnis zu rufen bzw. zu erleben. Einerseits eignet es sich, um mit einer Gruppe das Thema ästhetischer Werte zu bearbeiten, zum anderen hilft es am Anfang eines Tages, daß die Teilnehmer eingestimmt werden bzw. am Ende einer Arbeitseinheit, daß sie mit einem positiven Gefühl auseinandergehen können.

Teilnehmer

ab 15 Jahren

Zeit

ca. 2o Minuten

Anleitung

Ich möchte euch zu einem Experiment einladen, bei dem ihr euch darauf besinnen könnt, wie ihr auf Schönheit reagiert.

Legt euch auf den Boden, macht es euch bequem und schließt die Augen... Damit ihr wirklich frei atmen könnt, öffnet die Kleidungsstücke, die euch einengen...

Machen Sie bei den folgenden Anweisungen an den durch Punkte gekennzeichneten Stellen jeweils eine Pause von ca. 2o Sekunden.

Konzentriert euch auf eure Füße und bewegt sie ein wenig. Stellt fest, wie sich eure Füße anfühlen. Erlaubt euren Füßen, sich zu entspannen...

Nun konzentriert euch auf eure Beine. Erlaubt ihnen ebenfalls, sich zu entspannen und ruhig und schwer in den Fußboden einzusinken...

Das Gefühl der Entspannung breitet sich nun aus auf euren Bauch

und auf eure Brust... Auch das Zentrum eures Körpers fühlt sich weich, warm und entspannt an...
Ihr atmet ruhig und tief, und mit jedem Atemzug fühlt ich euch lokkerer und weicher...
Atmet tief ein und aus und gestattet eurem Körper, locker zu werden und sich auszudehnen...
Holt langsam durch die Nase Luft. Füllt zunächst euren Bauch mit Luft und dann eure Brust. Atmet langsam wieder aus und entleert dabei zunächst eure Brust und dann euren Bauch...
Laßt den Atem wie Ebbe und Flut kommen und gehen. Mit jedem Einfluten in euren Körper füllt der Atem euch mit Energie. Fühlt, wie ihr tief und ruhig atmet und wie die Energie in euch einströmt und wieder hinausfließt. Versucht auch, euren Atem zu hören, wenn er kommt und wenn er geht...
Jetzt möchte ich, daß du an verschiedene Situationen denkst, in denen du dir innerlich gesagt hast: Das ist schön. Es kann sich dabei um etwas von Menschen Geschaffenes handeln, wie zum Beispiel ein Bild, eine Skulptur, ein Gedicht, ein Musikstück. Es kann sich um Vorgänge in der Natur handeln, wie zum Beispiel um einen Sonnenaufgang, die Bewegung eines Tieres, Wolken am Himmel oder die Form einer Pflanze. Es kann ebensogut die Beziehung zwischen Menschen sein, eine Idee, ein Gedanke, kurz alles, was in uns die Reaktion auslöst: Wie schön ist das!
Laß dir ein paar Minuten Zeit, um an solche Situationen zurückzudenken und versuche auch die Empfindungen ästhetischer Freude neu zu erleben... (1 bis 3 Minuten)
Nun wähle die Situation aus, die in dir die stärksten Gefühle ausgelöst hat...
Konzentriere dich auf diese Erfahrung und erlebe die Situation noch einmal... Wenn du sie erlebt hast, laß sie dir erneut durch den Sinn gehen , nur noch etwas langsamer... (1 Min.)
Laß sie dir wieder durch den Sinn gehen, und wieder. Und achte jedesmal auf neue Einzelheiten, die dir einfallen, so daß du dieses Schönheitserlebnis möglichst umfassend wiedererlebst... (1-3 Min.)
Laß diese Erfahrung immer wieder durch dein Bewußtsein ziehen und konzentriere dich nun darauf, welche Empfindungen in dir aufsteigen und wie du auf dieses Erlebnis reagierst... (1 Min.)
Jetzt laß die begleitenden Empfindungen stärker und stärker werden in dir... (1 Min.)
Nun laß die Erinnerung an die Schönheit dieses Augenblicks in dein Unbewußtes einsinken und laß die Empfindungen in dir weiter nachklingen... (3o Sek.)

Laß das Empfinden der Schönheit weiter schwingen und bemerke, wie du dich fühlst... (1 Min.)
Nun beobachte dieses Gefühl und laß es andauern. Und achte gleichzeitig auf meine Worte.
Dieses Gefühl, das du bemerkst, konntest du durch geistige Konzentration anregen und neu erleben. Das wirkliche Objekt der Schönheit war nicht in der Wirklichkeit vorhanden, aber du konntest es dir vorstellen. Gleichwohl sind deine Reaktionen auf das schöne Objekt und deine Gefühle wirklich. Du hast sie mit deiner Phantasie erzeugt. Du hast das schöne Gefühl mit deinem Geist hervorgerufen und du kannst es mitnehmen, wenn du nachher diesen Raum verläßt und immer wieder neu erfahren, wenn du das möchtest.
Achte nun wieder auf dieses Gefühl, nimm es mit, wohin du auch gehst. Denke daran, daß du es jederzeit und an jedem Ort neu erleben kannst... (3o Sek.)
Ich möchte, daß du jetzt mit deinem Bewußtsein zur Gruppe zurückkommst, in deinem eigenen Rhythmus die Augen öffnest und dich hier im Raum umsiehst...

Machen Sie jetzt in jedem Fall eine kurze Pause. Wenn Sie an einer Auswertung des Experiments interessiert sind, können Sie die Teilnehmer nach der Pause kurz berichten lassen, was sie erfahren haben.

Erfahrungen
Die Länge der Pausen sollten Sie auf Ihre spezifische Gruppe abstimmen. Wenn die Gruppe bereit ist für lange Pausen, ist es am besten. Wichtig ist, daß Sie die Anweisungen mit genügend innerer Autorität und suggestiver Kraft sprechen.

Nr. 11
Kanzler für einen Tag
(nach Maid)

Ziele
In diesem Experiment können die Jugendlichen herausfinden, für welche Werte sie sich in der Politik gern einsetzen würden.

Teilnehmer
ab 16 Jahren

Material für die Teilnehmer

Kanzler für einen Tag

Wenn Du der Kanzler der Bundesrepublik wärst, wofür würdest Du dann das meiste Geld ausgeben wollen?

( ) Entwicklungshilfe...

..

( ) Verteidigung...

..

( ) Stadtsanierung ....

..

( ) Umweltschutz...

..

( ) Bildungswesen ....

..

( ) Ausbau des Verkehrsnetzes...........................

..

( ) Unterstützung der Landwirtschaft ....

..

( ) Unterstützung der Industrie ....

..

( ) Raumfahrt ....

..

( ) Bekämpfung der Armut ....

..

Bitte überlege Dir, wie Du Deine Prioritäten setzt und bringe die verschiedenen Maßnahmen in eine Rangreihe, indem Du sie numerierst.
Nun überlege Dir, welche Werte bzw. Überzeugungen für Dich mit den einzelnen Maßnahmen verbunden sind und notiere sie stichwortartig dahinter (z.B.: Bildungswesen „Jeder Mensch hat das Recht, seine Fähigkeiten so weit wie möglich auszubauen" Oder: „Intellektuelles und emotionales Wissen hilft dem Menschen zu überleben.")
Begründe nun Deine Entscheidung für den Bereich, für den Du das meiste Geld ausgeben willst und für den Bereich, für den Du am wenigsten Geld ausgeben willst. Notiere Deine Begründungen auf der Rückseite.

Zeit
mind. 4o Minuten

Material
Formular 'Kanzler für einen Tag'

Anleitung

Ich möchte euch heute anregen, darüber nachzudenken, wie ihr in einigen wichtigen politischen Fragen denkt und welche Werte ihr selbst im Felde der Politik zur Geltung bringen möchtet.
Ich habe ein Formular für euch vorbereitet, das ihr jeder für euch in den nächsten 3o Minuten bearbeiten sollt...
Kommt jetzt zum Kreis zurück... Ich möchte, daß in einem Rundgang jeder mitteilt, wofür er das meiste und wofür er das wenigste Geld ausgeben würde...
Jetzt möchte ich einzelnen von euch Gelegenheit geben, ihren politischen Standpunkt den anderen Teilnehmern gegenüber zu vertreten. Das kann auf folgende Weise geschehen:
Wer immer das möchte, kann sich für drei Minuten zu einem politischen Interview bereiterklären. Dann können nacheinander andere Teilnehmer dem Betreffenden eine Frage stellen. Die Aufgabe dieser Frage ist es, die Wertentscheidung, die in dem politischen Standpunkt enthalten ist, deutlicher herauszuarbeiten.
Dabei sind einmal die Fragen wichtig, wie der betreffende Teilnehmer selbst dazu kommt, diesen Wert besonders hoch bzw. besonders niedrig einzustufen. Zum anderen können Fragen wichtig sein, die die Konsequenzen erforschen, die sich aus dieser Einstufung ergeben. So kann zum Beispiel jemand fragen: „Du willst das meiste Geld für Entwicklungshilfe ausgeben und sagst, daß dir der Wert der Verantwortlichkeit des Reichen für den Armen besonders am Herzen liegt. Kannst du mir sagen, seit wann du diesen Wert so hoch einschätzt?" (Frage nach den persönlichen Voraussetzungen) Oder ein anderer könnte fragen: „Hast du dir über die Konsequenzen für die Industrienationen Gedanken gemacht, wenn sie wirklich konsequent so viel Geld für die Entwicklungshilfe ausgeben? Mit welchen Auswirkungen wäre hier zu rechnen?" Achtet darauf, daß die Fragen nicht dazu führen, den politischen Standpunkt des Interviewten zu kritisieren und lächerlich zu machen, sondern ihn genauer zu erforschen.
Habt ihr verstanden, was ich meine?...
Wer möchte sich für ein Interview zur Verfügung stellen?...

Auswertung

- Wie hat mir das Experiment gefallen?
- Wie leicht fiel es mir, die politischen Prioritäten zu setzen und die damit verbundenen Werte zu erkennen?
- Kommen die Wertentscheidungen, die ich hier getroffen habe, auch in meinem Alltag zum Ausdruck?
- Wie weit interessiere ich mich im Alltag für politische Fragen?
- Wie weit bin ich politisch aktiv und auf welche Weise?
- Welche Rolle spielt Politik in meiner Familie, und welchen Standpunkt nehmen mein Vater und meine Mutter ein?
- Wie fühle ich mich, wenn ich mit Politik zu tun habe?
- Kann ich mir vorstellen, einmal ein politisches Amt einzunehmen?
- Habe ich mich für ein Interview zur Verfügung gestellt?
- Wie habe ich auf die Standpunkte der anderen reagiert?
- Was möchte ich sonst noch sagen?

Erfahrungen

Dies ist ein anregendes und lebendiges Experiment. Achten Sie darauf, daß die Fragen an die Interviewten auf Einsicht abzielen und keine indirekte Beurteilung beinhalten.

Nr. 12
Tea for Two
(nach Maid/Wallace)

Ziele

In diesem reizvollen Experiment können die Jugendlichen sich darauf konzentrieren, für welche Menschen sie sich interessieren, über welche Themen sie gern sprechen, was sie von für sie wesentlichen Menschen lernen möchten und was sie schließlich glauben, selbst anderen geben zu können.

Teilnehmer

ab 14 Jahren

Zeit

ca. 45 Minuten

Material

Formular 'Tea for Two'

Material für die Teilnehmer

Tea for Two

Stell Dir vor, daß Du sieben Gutscheine hast, mit denen Du in jedem beliebigen Restaurant der Welt ein Abendessen für zwei Personen bezahlen kannst. Du kannst sieben berühmte bzw. Dir ungewöhnlich erscheinende Menschen an jedem der sieben Wochentage einladen.
Welche sieben Personen wählst Du aus? Beginne mit dem Sonntag und erzähle, wen Du einlädtst und warum Du mit diesem Menschen gern zu Abend essen möchtest. Sage, was Dich an dem Betreffenden reizt. Was möchtest Du über ihn in Erfahrung bringen? Was möchtest Du von ihm lernen? Was kann er von Dir lernen? Worüber willst Du mit ihm sprechen? Sage auch, wo Du zu Abend essen möchtest und was Du bestellst. Fahre dann fort mit Montag etc.

Sonntag..

....

....

Montag...

....

....

Dienstag...

....

....

Mittwoch...

....

....

Donnerstag...

....

....

Freitag..

....

....

Samstag..

....

....

Anleitung

Ich möchte euch heute Gelegenheit geben, richtig neugierig zu sein. Unsere Neugier ist ein wichtiger Bestandteil unserer Lebendigkeit, und allzu oft vergessen wir sie und bewegen uns vor allem im Kreise des uns Bekannten und Vertrauten. Wenn wir neugierig sind, erobern wir uns ein neues Stück der Welt, wir können uns damit auseinandersetzen und wachsen.

Ich habe ein Formular für euch vorbereitet, das ihr bearbeiten sollt. Ihr habt dafür eine halbe Stunde Zeit...

Kommt bitte zum Kreis zurück... Ich möchte, daß diejenigen, die dazu Lust haben, die Person auswählen, mit der sie am liebsten Essengehen würden und uns dann vorlesen, was sie dazu aufgeschrieben haben. Wer möchte anfangen?...

Auswertung

- Wie hat mir das Experiment gefallen?
- Wie leicht fiel es mir, die sieben Leute auszuwählen?
- Wer ist mir zuerst eingefallen und wer zuletzt?
- Wie leicht fiel es mir, Dinge über mich zu finden, die für meine Gäste interessant und lehrreich sein könnten?
- Nach welchen Gesichtspunkten habe ich die Menus zusammengestellt?
- Auf welche Leute bin ich im Alltag neugierig, und wie befriedige ich meine Neugier?
- Wer ist in meiner Familie am neugierigsten?
- Was haben mich meine Eltern über Neugier gelehrt?
- Möchte ich selbst einmal berühmt werden?
- Auf welchem Gebiet?
- Was ist der Vorteil, berühmt zu sein, und was ist der Nachteil?
- Habe ich etwas Neues gelernt?
- Was möchte ich sonst noch sagen?

Erfahrungen

Dies ist ein sehr anregendes Experiment. Sie können es noch dadurch bereichern, daß Sie den Jugendlichen Gelegenheit geben, den einen oder anderen ihrer Gäste vorzuspielen. Ein anderer Jugendlicher muß dann die Rolle des Gastgebers übernehmen. Das ermöglicht zum einen Einfühlung in das Gruppenmitglied, zum anderen wird der seelische Kontakt zu der berühmten Persönlichkeit vertieft und einige von dessen Qualitäten assimiliert.

Nr. 13
Allgemeines Glück
(nach Maid/Wallace)

Ziele
In diesem Experiment haben die Jugendlichen Gelegenheit, eigene Wertvorstellungen probeweise auf die Gesellschaft auszudehnen und herauszufinden, welcher Wert ihrer Meinung nach für eine große Anzahl von Menschen besonders sinnvoll ist.

Teilnehmer
ab 12 Jahren

Zeit
ca. 2o Minuten

Material
ein großer Bogen Papier, Notizpapier und Bleistift

Anleitung

Ich möchte, daß ihr euch heute einmal Gedanken darüber macht, welche Voraussetzungen eurer Meinung nach dazu führen würden, daß alle Menschen in unserem Land glücklich leben können.
Ich werde euch einige Werte nennen, und jeder von euch soll für sich entscheiden, welcher Wert am besten geeignet ist, dies zu erreichen.
Was wäre eurer Meinung nach am besten: Wenn alle Leute in diesem Land
glücklich oder
aufrichtig oder
gesund oder
liebevoll oder
fleißig
wären?

Schreiben Sie diese Werte mit dem Vorsatz für alle sichtbar auf.

Beantwortet diese Frage schriftlich und begründet euren Standpunkt ausführlich. Ihr habt dafür 15 Minuten Zeit...
Kommt nun zum Kreis zurück, damit wir die unterschiedlichen Standpunkte kennenlernen können. Gebt durch ein Handzeichen zu erkennen, wer 'Reichtum' gewählt hat...(usw.)

Auswertung

- Wie hat mir das Experiment gefallen?
- Was wären die Konsequenzen, wenn wirklich alle Leute in diesem Land einen dieser Werte voll verwirklichten?
- Was sind die Vorteile, was sind die Nachteile, daß unsere Kultur eine Fülle von unterschiedlichen Werten beinhaltet?
- Welche Rolle spielt der Wert, für den ich mich entschieden habe, in meinem eigenen Leben?
- Für welchen Wert hätte sich mein Vater (meine Mutter) entschieden?
- Welche Rolle spielt der Wert, der dem von mir gewählten entgegengesetzt ist?
- Was möchte ich sonst noch sagen?

Erfahrungen

Es kommt darauf an, daß die Jugendlichen lernen, sich für bestimmte Werte zu engagieren und gleichzeitig die relative Berechtigung anderer Wertentscheidungen anerkennen lernen. Um ganz praktisch die Konsequenzen einer Monokultur eines Wertes zu demonstrieren, können Sie folgendes Experiment erproben: Lassen Sie alle Jugendlichen, die sich für denselben Wert entschieden haben, in der Mitte des Kreises zusammenkommen und fünf bis zehn Minuten lang eine Gemeinschaft spielen, in der dieser Wert alles das, was gesagt und getan wird, bestimmt. Lassen Sie anschließend in einer gemischten Gruppe Vertreter aller Wertentscheidungen eine wertpluralistische Gemeinschaft spielen. Fragen Sie dann, wie sich die Betreffenden in den unterschiedlichen Situationen gefühlt haben.

Nr. 14
Zur Kindstaufe
(nach Ehrlich)

Ziele

In diesem sehr reizvollen Experiment haben die Jugendlichen Gelegenheit, das, was sie über das Leben denken, einmal konzentriert zum Ausdruck zu bringen. Oft handeln wir auf der Grundlage nur unvollkommen bewußter Lebensentscheidungen und bewegen uns dadurch in einem sehr engen Rahmen von Gedanken, Gefühlen und Entschlüssen. Wenn ich weiß, was sozusagen meine 'automatischen' Anschauungen zur Lebensbewältigung sind, kann ich mich eher fragen, ob nicht auch andere Grundsätze helfen, das Leben zu bestehen, und ich werde vielleicht eher bereit sein, den einen oder anderen überholten Grundsatz auszuwechseln. Der Vergleich verschiedener Positionen in der Gruppe soll ebenfalls dazu beitragen, eine reflektiertere Einstellung zur eigenen Lebensphilosophie einzunehmen.

Teilnehmer
ab 15 Jahren

Zeit
ca. 5o Minuten

Material
Papier und Bleistift

Anleitung

Jeder von uns entwickelt im Laufe seines Lebens bestimmte Grundsätze und Anschauungen über das Leben, die ihm helfen sollen, die verschiedenen kritischen Situationen und wichtigen Aufgaben, die das Leben mit sich bringt, zu bewältigen. Zum Teil stammen unsere Rezepte, wie wir das Leben zu bewältigen haben, aus den Kochbüchern uns wichtiger Menschen, zum Teil haben wir sie selbst entwikkelt. In jedem Fall denke ich, daß es gut ist, wenn wir von Zeit zu Zeit innehalten und uns klarmachen, was wir zu diesem Zeitpunkt über das Leben denken.

Das folgende Experiment soll euch dabei helfen.

Stell dir vor, daß du Pate werden sollst bei einem Baby. Überlege dir, ob es ein Junge oder Mädchen ist. Du entschließt dich, dem Baby zur Taufe einen kleinen Brief zu schreiben, der dem Baby Glück bringen soll. Denn du willst deinem Patenkind mitteilen, was es deiner Meinung nach wissen sollte, um mit dem Leben fertig zu werden. Gib deinen besten Rat und sage dem kleinen Kind, wie es in dieser Welt überleben kann. Sprich dabei auch über folgende Themen: Wie kann man mit anderen auskommen? – Wie kann man bekommen, was man möchte? – Wie lebt man in der Familie? – Wie wird man glücklich? – Wie findet man Freunde?

Schreiben Sie diese Leitfragen für alle sichtbar auf.

Habt ihr verstanden, was ich meine?... Nehmt euch nun ein Blatt Papier und schreibt diesen Brief an euer Patenkind. Gebt dem Patenkind einen Namen, datiert den Brief und unterschreibt ihn am Ende. Ihr habt dafür 3o Minuten Zeit...

Kommt nun zum Kreis zurück und sucht euch drei oder vier andere Gruppenmitglieder, mit denen ihr euch darüber austauschen wollt, was ihr geschrieben habt. Ihr habt für die Arbeit in eurer kleinen

Gruppe 2o Minuten Zeit...
Stoppt nun und kommt zum großen Kreis zurück... Wer hat Lust, seinen Brief vorzulesen?...

Auswertung

- Wie hat mir das Experiment gefallen?
- Was an der Aufgabe war leicht für mich? Was war schwer?
- Wer hat mir selbst bisher Rat gegeben, wie ich das Leben bewältigen kann?
- Was ist der wichtigste Rat, den andere mir bisher gegeben haben?
- Wie weit befolge ich selbst in meinem Leben den Rat, den ich meinem Patenkind gegeben habe?
- Wann habe ich zuletzt einen Grundsatz zur Lebensbewältigung aufgegeben, abgewandelt oder einen neuen mir zu eigen gemacht?
- Mit wem spreche ich im Alltag über solche Dinge?
- Woran kann ich merken, ob meine eigenen Grundsätze zur Lebensbewältigung zu mir passen?
- Was möchte ich sonst noch sagen?

Erfahrungen

Es ist gut, wenn Sie einige Freiwillige finden, die ihren Brief im Plenum vorlesen, so daß Sie Punkt für Punkt die Empfehlungen mit der Gruppe durchgehen und sie auf die Konsequenzen hin untersuchen können.
Unterscheiden Sie – wenn es geht – zwischen einschränkenden Empfehlungen, die das Wachstum eines Menschen unnötig begrenzen und solchen, die die Entfaltung im Lebensprozeß begünstigen.

Nr. 15
Leute, die ich brauche
(nach Simon/Clark)

Ziele

Wir alle benötigen in einem gewissen Umfang das, was andere Menschen für uns bereitstellen: Dienstleistungen, Produkte, persönlicher Austausch und Intimität. In vielen Fällen bilden wir uns ein, andere zu brauchen, in Wirklichkeit könnten wir uns genauso gut selbst versorgen. In anderen Fällen benötigen wir die anderen vielleicht wirklich, weil die entsprechenden 'Güter' für uns wichtig sind und wir sie uns nicht selbst beschaffen können.
Dieses einfache Experiment hilft den Teilnehmern, sich bewußt zu ma-

Material für die Teilnehmer

Leute, die ich brauche

Im folgenden findest du eine Liste von Personengruppen, die für die Welt, in der wir leben, ziemlich wichtig sind. Bitte unterstreiche diejenigen, die für dich wichtig sind. Wenn du damit fertig bist, bringe die unterstrichenen Gruppen in eine Rangreihe, indem du sie numerierst und die entsprechende Zahl in die Klammer einträgst. Gib der wichtigsten Gruppe dabei die Nummer 1, der zweitwichtigsten Gruppe die Nummer 2 usw.

( ) Künstler – ( ) Tanten – ( ) Piloten – ( ) Automechaniker – ( ) Bäcker – ( ) Ärzte – ( ) Apotheker – ( ) Fußballspieler – ( ) Brüder – ( ) Zimmerleute – ( ) Verkäufer – ( ) Ingenieure – ( ) Cousinen – ( ) Musiker – ( ) Schauspieler – ( ) Zahnärzte – ( ) Rechtsanwälte – ( ) Politiker – ( ) Geistliche – ( ) Eltern – ( ) Bergleute – ( ) Polizei – ( ) Richter – ( ) Psychologen – ( ) Lehrer – ( ) Bauern – ( ) Therapeuten – ( ) Pflegeeltern – ( ) Fischer – ( ) Großeltern – ( ) Krankenschwestern – ( )Onkel ( ) Landstreicher – ( ) Kriminalbeamte – ( )Gefängnispersonal – ( ) Wissenschaftler – ( ) Regierungsbeamte – ( ) Hotelpersonal – ( ) Kindergärtnerinnen – ( ) Schuster – ( ) Wohlfahrtsangestellte – ( ) Geschwister – ( ) Verwandte – ( ) Restaurantbesitzer

Wähle von den unterstrichenen und in eine Rangreihe gebrachten Gruppen die für Dich wichtigsten 6 aus, schreibe sie hier noch einmal auf und gib an, welche 'Güter' bzw. welche Werte sie Dir geben. Beschreibe, mit welchen Konsequenzen Du rechnen mußt, wenn Du dieses Gut nicht mehr erhalten würdest.

1. ....
   ....
2. ....
   ....
3. ....
   ....
4. ....
   ....
5. ....
   ....
6. ....
   ....

chen, welche Personen oder Personengruppen für sie wichtig sind und auf welche sie am wenigsten verzichten mögen.

Teilnehmer
ab 14 Jahren

Zeit
ca. 35 Minuten

Material
Formular 'Leute, die ich brauche'

Anleitung

Ich möchte euch mit dem folgenden Experiment Gelegenheit geben, euch einmal klar zu machen, welche Menschen ihr im Leben wirklich braucht. Jeder von uns hat es mit vielen Leuten zu tun, die unterschiedlich wichtig für ihn sind. Einige brauche ich selten, manche häufig und immer brauche ich eigentlich nur eine Person: nämlich mich selbst.

Ich habe ein Formular für euch vorbereitet, das ihr bitte bearbeiten sollt. Ihr habt dafür 3o Minuten Zeit...

Stoppt jetzt und kommt zum Kreis zurück... Was habt ihr herausgefunden?...

Auswertung

- Wie hat mir das Experiment gefallen?
- Fiel es mir leicht, mich auf sechs wichtige Gruppen zu beschränken?
- Bekomme ich von den wichtigen Personengruppen, das, was ich wirklich von ihnen möchte?
- Für welche Werte stehen die sechs von mir ausgesuchten Gruppen?
- Wie werde ich mit Situationen fertig, in denen mir wichtige Personen oder Personengruppen nicht zur Verfügung stehen?
- Kann ich gelegentlich allein sein?
- Was ist das wichtigste, das ich zum Leben brauche?
- Was möchte ich sonst noch sagen?

Erfahrungen

Achten Sie darauf, daß herausgearbeitet wird, für welche Werte die einzelnen Personengruppen für den einzelnen ganz persönlich stehen. Zum Beispiel kann der Bäcker, bei dem sich ein Jugendlicher jeden Morgen seinen Amerikaner kauft, eher für den Wert stehen, sich selbst etwas Gutes zu tun, als satt zu werden – auch wenn das keine ideale Strategie ist.

Nr. 16

Dinge, die ich brauche

(Simon/Clark)

Ziele

Eine reflektierte Einstellung zum Besitz ist eine wichtige Voraussetzung für die Reifung der Persönlichkeit. Besitz gehört seit den Anfängen der Menschheit zu den Mitteln, mit denen wir unser Überleben gesichert und uns zugleich das Dasein vergnüglicher gemacht haben. Die schwierige Aufgabe für jeden einzelnen besteht darin, herauszufinden, was sich für ihn zu besitzen lohnt, was ihm der Besitz bedeuten kann, welchen Preis er dafür zu zahlen hat, was er einsetzen muß, um den Besitz zu behalten und wie er mit der unvermeidbaren Gefahr möglicher Verluste fertigwerden kann.
Dieses Experiment kann den Jugendlichen helfen, diesen Themen etwas mehr Aufmerksamkeit als gewöhnlich zu schenken.

Teilnehmer

ab 14 Jahren

Zeit

ca. 35 Minuten

Material

Formular 'Dinge, die ich brauche'

Anleitung

In unserem Leben brauchen wir Beziehungen zu anderen Menschen und - in bestimmten Ausmaß - auch Besitz. In diesem Experiment möchte ich eure Aufmerksamkeit darauf lenken, welche Besitztümer ihr für wichtig haltet und was diese Dinge für euch bedeuten. Ich habe ein Formular vorbereitet, das ihr bitte bearbeiten sollt. Ihr habt dafür 3o Minuten Zeit...
Stoppt jetzt und kommt zum Kreis zurück... Was habt ihr herausgefunden?...

Auswertung

- Wie hat mir das Experiment gefallen?
- Mit wem spreche ich über Fragen des Besitzes?
- Was ist der wichtigste Besitz für meinen Vater?
- Was ist der wichtigste Besitz für meine Mutter?
- Besitze ich für meine Bedürfnisse genug? Zuviel? Zuwenig?
- Wie würde das Leben aussehen, wenn jeder Mensch nur seine drei

Material für die Teilnehmer

Dinge, die ich brauche

Du findest hier eine Liste von verschiedenen Dingen, die viele Leute für wichtig halten, um leben zu können, sich erfolgreich zu fühlen, um glücklich zu sein und sich wohlzufühlen. Unterstreiche die Dinge, die Du für Dich selbst wichtig findest und bringe diese dann in eine Rangreihe, indem Du sie der Bedeutung für Dich entsprechend durchnumerierst und die Zahlen in die Klammern einsetzt.

( ) Flugzeug – ( ) Axt – ( ) Fußball – ( ) Bett – ( ) Motorrad ( ) Tennisschläger – ( ) Besen) – ( ) Kalender – ( ) Waschmaschine – ( ) Uhr – ( ) Staubsauger – ( ) Bilder – ( ) Musikinstrument – ( ) Angel – ( ) Fernseher – ( ) eigenes Haus – ( )Medizin – ( ) Messer – ( ) Radio – ( ) eigenes Zimmer – ( ) Telefon – ( ) Schreibzeug – ( ) Bücher – ( ) Fahrrad – ( ) Bibel – ( ) Wohnwagen – ( ) Tonband – ( ) Schaufel – ( ) Zahnbürste – ( ) Stereoanlage – ( ) Kleidung – ( ) Schmuck – ( ) Photos – ( ) Auto – ( ) Schreibtisch –

Jetzt konzentriere Dich auf die drei wichtigsten Besitztümer und versuche jeweils in einem kleinen Abschnitt zu beschreiben, was Dir der Besitz bedeutet. Behalte dabei folgende Fragen vor Augen: Welches Bedürfnis befriedigt der Besitz ? – Welche Gefühle löst der Besitz in Dir aus? – Von wem stammt der Besitz? – Was mußt Du tun, ihn Dir zu erhalten? – Welchen Preis muß Du dafür zahlen, daß Du den Besitz erlangst bzw. ihn beständig zur Verfügung hast? – Wie würdest Du auf seinen Verlust reagieren? – Was könnte diesen Besitz ersetzen?

Notiere hier zunächst noch einmal die drei wichtigsten Besitztümer:

1 ....

2 ....

3 ....

drei wichtigsten Besitztümer besäße?

- Welcher Mensch, den ich kenne, hat nach meiner Meinung eine besonders vorbildliche Beziehung zum Besitz?
- Wer in der Gruppe hat ähnliche Bedürfnisse wie ich?
- Was möchte ich sonst noch sagen?

Erfahrungen
Sie können auch hier die Struktur dadurch bereichern, daß Sie einige Freiwillige sich mit einzelnen Besitztümern identifizieren lassen, so daß die Jugendlichen sich als dieses oder jenes Objekt der Gruppe präsentieren und zum Beispiel sagen: „Ich bin ein Staubsauger. Ich verschlucke Krümel und Schmutz und sorge dafür, daß der Fußboden in deinem Raum immer sauber ist. Du brauchst durch meine Hilfe nicht zu fegen, und ich bin auf Knopfdruck bereit, dir die Arbeit abzunehmen."

Nr. 17
Mythische Ferien
(nach Savary)

Ziele
Das Experiment hilft den Jugendlichen, Kontakt zu ihren tiefsten Wünschen und Sehnsüchten zu bekommen und damit einige Grundlagen ihres Wertsystems zu erreichen.

Teilnehmer
ab 18 Jahren

Zeit
ca. 75 Minuten

Material
Papier und Bleistift, Musikcassetten, z.B. mit Musik von Rossini o.ä.

Anleitung

Ich möchte euch zu einem sehr schönen Experiment einladen, in dem ihr eurer Phantasie freien Lauf lassen könnt, um vielleicht einigen eurer geheimen Wünsche und Hoffnungen für das Leben nachzugehen. Nehmt euch Papier und Bleistift und sucht euch einen Platz im Raum, wo ihr euch behaglich fühlt...

Nehmt eine bequeme Körperhaltung ein, entweder im Sitzen oder

im Liegen... Schließt jetzt die Augen und konzentriert euch auf euren Körper... Wendet eure Aufmerksamkeit nach innen und findet heraus, was in eurem Körper geschieht...
Ist eure Lage ganz bequem?... Versucht, eine noch bequemere Lage einzunehmen...
Fühlt ihr euch entspannt?... Wenn irgendein Teil eures Körpers doch noch verspannt ist, dann versucht loszulassen... Wenn euch das nicht gelingt, spannt ihn ganz bewußt kräftig an — und laßt dann los. Wiederholt das einige Male...
Nun achtet auf euren Atem. Wie atmet ihr?... Empfindet, wie die Luft durch die Nase oder den Mund einströmt... Fühlt, wie sie durch den Hals in die Brust und in den Bauch flutet...
Nun stellt euch vor, daß der Atem kommt und geht wie sanfte Wellen am Ufer des Meeres und daß mit jedem Atemzug etwas von der Spannung aus eurem Körper geht... Bemerkt, wie ihr euch mehr und mehr entspannt...
Jetzt möchte ich euch den Rahmen für das Phantasieexperiment bekanntmachen. Stellt euch vor, daß ihr beliebig viel Zeit habt, eine Woche, einen Monat, ein halbes Jahr, ein ganzes Leben, um zu tun, was immer ihr möchtet. Ihr habt wirkliche Freizeit, Ferienzeit, Zeit für ein Lieblingsprojekt, Zeit, um glücklich zu sein. Nennt die Zeit, wie immer ihr wollt. Es gibt überhaupt keine Einschränkungen oder Bedingungen für die Art und Weise, wie ihr die Zeit gestaltet. Alle Gesetze, Verpflichtungen, Regeln oder sonstige Begrenzungen sind aufgehoben.
Zunächst könnt ihr davon ausgehen, daß diese Ferienzeit außerhalb des normalen Kalenders und der normalen Uhrzeit stattfindet, so daß ihr keine Sorge haben müßt, ein Examen zu verpassen oder eine Verabredung oder sonst irgend etwas zu versäumen. Eure Ferien können so lange dauern, wie ihr möchtet, und sie werden euer normales Leben nicht berühren.
Ihr könnt weiter davon ausgehen, daß in diesem Experiment alle Gesetze aufgehoben sind, die eure Phantasie einschränken könnten. Finanzielle Gesetze gelten nicht, ihr könnt über so viel Geld verfügen, wie ihr wollt. Physikalische Gesetze sind aufgehoben, ihr könnt euch von einem Platz zu jedem anderen in der Welt bewegen. Die biologischen Gesetze sind aufgehoben, ihr könnt euch in einen Adler verwandeln oder in einen Tiger, in einen Fluß oder in ein Gebirge. Ihr könnt euer Geschlecht wechseln, als Mann ein Kind zur Welt bringen oder als Frau ein Kind zeugen. Die chemischen Gesetze sind aufgehoben. Ihr könnt unter Wasser atmen oder auf einem fernen Stern eine Kommune gründen.

Die bürgerlichen Gesetze gelten auch nicht länger. Ihr könnt jede rote Ampel überfahren und heiraten und euch scheiden lassen so oft ihr wollt, ohne vor einem Standesbeamten zu erscheinen.
Die moralischen Gesetze sind ebenfalls außer Kraft gesetzt. Ihr könnt als Wegelagerer leben, als Doktor Frankenstein oder als Mafia-Boß.
Die Gesetze von Zeit und Raum könnt ihr aufheben. Ihr könnt in die Vergangenheit gehen und in die Zukunft. Ihr könnt 5oo Jahre alt werden. Ihr könnt den Raum unendlich klein machen oder eine Brücke von hier zum Mond bauen.
Die Gesetze der Logik sind ungültig. Ihr könnt euch in zwei Leute verwandeln, eurem eigenen Tod zusehen und euer Leben vom jetzigen Zeitpunkt zurück zum Mutterleib verfolgen.
Schließlich könnt ihr in eurem Ferientraum mitnehmen, wenn immer ihr wollt, wirkliche oder erdachte Personen, lebende oder tote.
Das Ziel dieses Experiments ist es, daß ihr mit Hilfe der Phantasie euch Erfahrungen verschafft, die euch im Innersten befriedigen. Dabei schlage ich euch vor, daß jeder nicht nur eine Phantasiereise erlebt, sondern mehrere.
Die ersten beiden Ferienreisen sind meistens einfacher, die weiteren bringen uns in Kontakt mit unseren tiefsten Wünschen. Ich möchte, daß ihr nach jeder Phantasiereise ein paar Notizen macht, damit ihr euch hinterher besser erinnern könnt. Ich werde etwas Musik machen, damit eure Phantasie leichter in Gang kommt. Für dieses Experiment werdet ihr eine halbe Stunde wirklicher Uhrzeit zur Verfügung haben...(3o Minuten)
Ich möchte, daß ihr nun eure phantastischen Ferien beendet und langsam mit eurem Bewußtsein in die wirkliche Zeit und in das wirkliche Leben zurückkommt... Stellt euch innerlich langsam um und kommt dann mit eurem Bewußtsein zur Gruppe zurück...
Öffnet nun die Augen und schaut euch in der Gruppe um...
Ich möchte, daß ihr jetzt in Vierergruppen zusammenkommt und euch gegenseitig berichtet, was ihr unternommen habt... Ihr habt 45 Minuten Zeit für euren Austausch...
Nun kommt zum großen Kreis zurück, damit wir gemeinsam darüber sprechen können, was ihr erlebt habt...

Auswertung

- Wie hat mir das Experiment gefallen?
- Wie habe ich mich auf den einzelnen Phantasiereisen gefühlt?
- Habe ich Dinge unternommen, die mich selbst überrascht haben?
- Was sagen die einzelnen Reisen darüber, was mir im Leben wirklich

wichtig ist?

- Wieviele verschiedene Werte haben in meinen Reisen Ausdruck gefunden?
- Was kann ich tun, um diesen Wünschen und Werten in meinem Leben unter den Bedingungen der Wirklichkeit Geltung zu verschaffen?
- Erlaube ich mir sonst, Wunschträume zu entwickeln?
- Was haben mich meine Eltern über den Gebrauch der Phantasie gelehrt?
- Welche Teilnehmer hatten ähnliche Wünsche wie ich?
- Was möchte ich sonst noch sagen?

Erfahrungen

Dieses anregende Experiment kann starke persönliche Betroffenheit auslösen, wenn Wünsche auftauchen, die üblicherweise aus dem Bewußtsein verbannt sind. Regen Sie daher dieses Experiment nur dann an, wenn Sie sich in der Lage fühlen, den Jugendlichen Beistand zu leisten, auch schwieriges seelisches Material zu bearbeiten und mit dem Alltagsleben konstruktiv zu verbinden.

Nr. 18
Magischer Moment
(nach Hendricks)

Ziele

Einer der Begründer der humanistischen Psychologie, Abraham Maslow, beschäftigte sich in seinen Forschungsarbeiten u.a. mit jenen magischen Augenblicken, in denen der einzelne die Grenzen seines individuellen Bewußtseins überschreitet und Zugang zu transpersonalen Werten findet, die seinem Leben Inspiration und Bedeutung geben. Wir alle haben gelegentlich ein solches Erlebnis, sei es beim Anblick eines spielenden Kindes, angesichts der Weite des Meeres, oder beim Lesen eines Gedichtes. Wir können dann den Eindruck gewinnen, daß wir über die Grenzen des Alltags hinauswachsen und kurzfristig eine Realität kennenlernen, die wir als Geschenk empfinden und Ermutigung weiterzuleben.
Gerade für Jugendliche mit ihrem leicht zu erschütternden Lebensgefühl erscheint es sinnvoll, diese magischen Augenblicke stärker ins Bewußtsein zu heben und sie für diese Wahrnehmung zu sensibilisieren.

Teilnehmer
ab 18 Jahren

Zeit
ca. 55 Minuten

Material
Papier und Bleistift

Anleitung

Ich möchte euch zu einem Experiment einladen, das den Namen hat 'Magischer Moment'. Gelegentlich erfahren wir in unserem Leben etwas überaus Wertvolles, so daß wir innerlich sagen können: „Es ist schön zu leben. Ich bin nicht allein. Ich kann Kontakt herstellen. Ich kann eine Wirklichkeit entdecken, die über die vielen Schwierigkeiten des Alltags hinausreicht." Wenn wir diese Situationen aufmerksamer und bewußter erleben, können sie eine wichtige Aufgabe in unserem Leben übernehmen, uns mit neuer Energie, neuem mut und neuer Aktivität zu beseelen.

Nehmt eine bequeme Körperhaltung ein, entweder im Sitzen oder im Liegen...

Schließt jetzt die Augen und konzentriert euch auf euren Körper... Wendet eure Aufmerksamkeit nach innen und findet heraus, was in eurem Körper geschieht... (3o Sek.)

Ist eure Lage ganz bequem?... Versucht, eine noch bequemere Lage einzunehmen...

Fühlt ihr euch entspannt?... Wenn irgendein Teil eures Körpers doch noch verspannt ist, dann versucht loszulassen... Wenn euch das nicht gelingt, spannt ihn ganz bewußt kräftig an – und dann laßt los. Wiederholt das einige Male... (3o Sek.)

Nun achtet auf euren Atem... Wie atmet ihr?... Empfindet, wie die Luft durch die Nase oder den Mund einströmt... Fühlt, wie sie durch den Hals in die Brust und in den Bauch flutet...

Nun stellt euch vor, daß der Atem kommt und geht wie sanfte Wellen am Ufer des Meeres und daß mit jedem Atemzug etwas von der Spannung aus dem Körper geht... Bemerkt, wie ihr euch mehr und mehr entspannt... (3o Sek.)

Ich möchte, daß ihr nun an die schönsten Augenblicke eures Lebens zurückdenkt: an Momente des größten Glücks, der Ekstase, der Freude. Vielleicht wart ihr verliebt oder ihr hörtet eine besonders schöne Musik, ihr wart elektrisiert beim Anblick eines Gemäldes, oder ihr wart bewegt durch einen schöpferischen Augenblick...

Schreibt alles in Stichworten auf, was euch dazu einfällt... (3 Min.) Nun erinnert euch daran, wie ihr euch in diesen ungewöhnlichen Augenblicken gefühlt habt, was ihr in diesen Momenten über die Welt und über euch selbst dachtet. Schreibt stichwortartig auf, was euch dazu einfällt... (5 bis 1o. Min.)

Lassen Sie die Gruppe stoppen, wenn Sie sehen, daß die Notizen spärlicher werden.

Stoppt jetzt und sucht euch einen Teilnehmer aus, mit dem ihr euch gern austauschen wollt... Ich gebe euch 45 Minuten Zeit, in denen ihr miteinander draußen im Freien einen Spaziergang machen könnt. Dabei soll jeder 15 Minuten lang die Möglichkeit haben, von seinen magischen Momenten zu sprechen, die Aufgabe des anderen ist es, lediglich schweigend zuzuhören. Derjenige, der von sich berichtet, kann so viel von seinen magischen Momenten erzählen, wie er möchte, so viel wie ihm behaglich ist. In jedem Fall genießt er den Vorzug, einen Zuhörer zu haben, der ihn nicht durch Zwischenfragen und Kommentare beeinflußt, sondern alles akzeptiert, eure Worte und euer Schweigen. Wechselt nach 15 Minuten die Rollen. Danach habt ihr dann noch einmal 15 Minuten Zeit, um euch auszutauschen und darüber zu sprechen, was ihr in den Monologen voneinander gehört habt.

Habt ihr verstanden, was ich meine?... Kommt nach 45 Minuten wieder hierher, daß wir dann noch eine kurze gemeinsame Auswertung machen können...

Auswertung

- Wie hat mir das Experiment gefallen?
- Wie häufig habe ich in meinem Leben solche magischen Momente erlebt?
- Was wäre, wenn mein Leben nur aus solchen magischen Momenten bestünde bzw. wenn ich nie welche erleben würde?
- In welchen verschiedenen Lebensbereichen habe ich meine magischen Momente erlebt?
- Bin ich mit meinem Partner zurechtgekommen?
- Habe ich mich bei dem Spaziergang an die Regeln gehalten?
- Was hat es für mich bedeutet, daß mir der andere schweigend zuhörte?
- Was möchte ich sonst noch sagen?

Erfahrungen

Die meisten Jugendlichen schätzen die konzentrierte Aufmerksamkeit eines anderen bei ihrem Bericht. Wenn Sie eine kurze Auswertung im Plenum anschließen, können Sie nicht erwarten, daß dort mit derselben Offenheit gesprochen wird wie in den Paaren. — Es ist wichtig, daß die Teilnehmer für ihren Austausch spazierengehen können, da die Bewegung sie anregt und das benötigte Gefühl von Freizügigkeit vermittelt.

Nr. 19
Standort bestimmen
(nach Howe/Howe)

Ziele

Die Struktur dieses Experimentes gestattet den Jugendlichen, vor anderen Gruppenmitgliedern einen spezifischen Standpunkt im Blick auf ein kontroverses Thema einzunehmen, ihn probeweise zu verteidigen und ggf. zu modifizieren. Gleichzeitig werden die Jugendlichen wieder darauf hingewiesen, daß es zu den meisten Problemen bzw. Entscheidungen eine Fülle verschiedener Hypothesen, Lösungen und Einschätzungen gibt, so daß sie sich der einfachen Beantwortung im Stile eines 'richtig' oder 'falsch' entziehen.

Teilnehmer

ab 14 Jahren

Zeit

zwischen 3o und 6o Minuten

Anleitung

> Ich möchte euch Gelegenheit geben, einmal zu üben, eure Meinung zu vertreten, sie mit der Meinung anderer zu vergleichen und sie ggf. abzuändern, um dann möglichst genau herauszufinden, welche Auffassung ihr im Augenblick vertreten wollt.

Schlagen Sie der Gruppe dann entweder ein Thema vor, zu dem es ganz verschiedene Auffassungen gibt, wie zum Beispiel:„Sollen Mädchen zum Wehrdienst herangezogen werden?" oder lassen Sie die Gruppe selbst ein kontroverses Thema auswählen.

> Ich möchte, daß ihr euch zunächst in Neunergruppen aufteilt... Jetzt stellt in jeder Gruppe soviele Stühle in einer Reihe, wie ihr Mitglieder seid... Ihr sollt euch gleich über das Thema:„..." unterhalten. Dazu gibt es verschiedene Antworten. Die radikalsten Antworten sind jeweils ein uneingeschränktes Ja oder Nein, etwa in dem Sinne, daß alle Mädchen ohne Einschränkung Wehrdienst leisten sol-

len bzw. daß unter keinen Umständen irgendein Mädchen zum zum Wehrdienst herangezogen werden darf. Diejenigen von euch, deren Auffassung so eindeutig und klar ist, setzen sich auf die beiden Stühle am Ende der Reihen, wobei das eine Ende das eindeutige Ja und das andere das eindeutige Nein bedeutet. Die dazwischenstehenden sieben Stühle bedeuten jeweils abgeschwächte Positionen, wobei der Stuhl in der Mitte die unentschiedene Position ist, bei der Ja und Nein sich die Waage halten.

Habt ihr verstanden, wie die Skala funktioniert?

Jetzt möchte ich, daß ihr euch auf den Stuhl setzt, der zunächst eurer Auffassung zu diesem Thema am ehesten entspricht. Unterhaltet euch dann mit den Teilnehmern rechts und links von euch, um herauszufinden, was sie über die Frage denken und wie ihre Einstellung dazu ist. Findet heraus, ob ihr auf den zu euch passenden Stühlen gelandet seid. Wenn jemand merkt, daß er eigentlich einen anderen Sitz einnehmen möchte, dann muß er mit dem 'Besitzer' dieses Stuhls sowie mit den beiden Leuten rechts und links davon verhandeln, um mit ihnen gemeinsam festzustellen, wer nun auf diesen Stuhl gehört. Wer sicher ist, daß er gleich den richtigen Platz eingenommen hat, kann den Gesprächen in der Reihe zuhören, um auf diese Weise die Einstellungen der anderen genau kennenzulernen. Die Verhandlungen sollen so lange geführt werden, bis jeder mit seiner Position zufrieden ist.

Ein anderer Weg ist, daß Sie eine Ihnen angemessen erscheinende Zeitspanne angeben oder zu einem Zeitpunkt abbrechen, wenn Sie bemerken, daß die Diskussionsenergie in der Gruppe abzunehmen beginnt.

Nehmt jetzt eure Plätze ein und beginnt dann mit der Überprüfung eurer Position...

Stoppt jetzt und kommt zum Kreis zurück, damit wir das Experiment gemeinsam auswerten können...

Auswertung

- Wie hat mir das Experiment gefallen?
- Wann war ich am engagiertesten dabei?
- Wie klar konnte ich meinen Standpunkt formulieren und anderen gegenüber verdeutlichen?
- Wie gut habe ich mich mit den anderen Mitgliedern meiner Gruppe geeinigt?
- Wie gut kann ich sonst andere Meinungen akzeptieren und tolerieren?
- Wie kann kann ich andere Meinungen gelten lassen und meine eigene Meinung beibehalten?

- Wie gut kann ich mich von anderen Meinungen anregen lassen und etwas für meinen eigenen Standpunkt hinzulernen?
- Wer in der Gesamtgruppe vertritt in dem diskutierten Thema eine ähnliche Meinung wie ich?
- Wer weicht am meisten von meiner Meinung ab?
- Was möchte ich sonst noch sagen?

Erfahrungen

Dieses sehr lebendige Experiment können Sie dadurch in seiner Struktur noch bereichern, indem Sie selbst – wenn alle ihren Platz gefunden haben den advocatus diaboli spielen und einzelne Teilnehmer herausfordern, vor der ganzen Gruppe ihren Platz zu begründen. Sie können andererseits die Inhaber identischer Positionen aus den verschiedenen Kleingruppen kurz zusammenkommen lassen, damit sie ihre Auffassungen vergleichen können.

Nr. 20
Einander gelten lassen
(nach Howe/Howe)

Ziele

In vielen Unterhaltungen und Diskussionen haben wir die Tendenz, unsere eigene Meinung als richtiger zu betrachten als die Auffassungen anderer und jene abzuwerten. Es entsteht dann ein unterschwelliger verbaler Machtkampf, in dessen Verlauf mit verschiedenen Tricks manipuliert und wenig zugehört wird.

Dieses Experiment gibt den Jugendlichen eine ausgezeichnete Gelegenheit, die eigene Auffassung zu einer gegebenen Problemstellung klar zu formulieren, ohne zugleich den Versuch zu machen, die Gedanken anderer abzuwerten. Andererseits können sie lernen, einander zuzuhören, um sich ggf. anregen zu lassen, fremde Gesichtspunkte in eigene Überlegungen mit einzubeziehen.

Im ganzen gesehen betont das Experiment anregendes im Unterschied zu überredendem Denken und dient auf diese Weise einer entspannten Wertklärung. Gleichzeitig hilft es, das Gruppengefühl zu vertiefen.

Die rituelle Struktur des Experiments hilft den Jugendlichen, öffentliches Auftreten, in einem formellen Sinne das Wort zu ergreifen, zu warten, bis man an die Reihe kommt etc. einzuüben. Sie lernen auf diese Weise Kommunikationsstrukturen kennen, die auch in anderen Lebensbereichen auftauchen, in Vereinen, Parteien, vor Gericht etc.

Teilnehmer
ab 14 Jahren

Zeit
ca. 35 Minuten

Raum
Stellen Sie die Stühle der Teilnehmer hufeisenförmig auf. Zusätzlich stellen Sie vier Stühle an die Stirnseite mit Blickrichtung zur Gruppe.

Anleitung

Ich möchte euch ein Experiment vorschlagen, das 'Einander gelten lassen' heißt. Ihr könnt dabei üben, eure Auffassung zu verschiedenen Themen in der Gruppe auszudrücken. Dabei geht es vor allem darum zu sagen, was ihr denkt und weniger darum, andere zu beeindrucken und sie zu beeinflussen, eure Meinung gut zu finden oder sich ihr gar anzuschließen.
Inhaltlich gibt uns die Prozedur die Möglichkeit, Fragen, die euch bewegen, ausführlicher zu erörtern und herauszufinden, welche unterschiedlichen oder ähnlichen Positionen es in der Gruppe gibt. Es ist nicht der Sinn dieser Prozedur, zu einer bestimmten Entscheidung zu kommen.
Ich möchte, daß wir uns alle in Hufeisenform setzen. Die vier Stühle an der Stirnseite sind zunächst noch frei. Sie sind unser Podium. Auf ihnen können gleich diejenigen Platz nehmen, die den Wunsch haben, daß ein bestimmtes Thema oder eine Problemstellung, die sie interessiert, diskutiert wird. Auch wenn es eine Weile dauern sollte, bis jemand nach vorn geht, möchte ich, daß wir geduldig abwarten.
In unserem Experiment gelten folgende Spielregeln:
Nur ein Gruppenmitglied, das auf dem Podium sitzt, darf ein Thema oder ein Problem für die Diskussion vorschlagen. Dabei ist derjenige, der ganz rechts sitzt, als erster an der Reihe. Er steht auf und bringt seinen Diskussionswunsch. Solange er auf dem Podium ist, muß die Diskussion sich auf das von ihm vorgeschlagene Thema konzentrieren. Wenn er der Meinung ist, daß sein Thema erschöpfend diskutiert wurde, verläßt er das Podium und die anderen Mitglieder des Podiums rücken einen Sitz weiter nach rechts. Dann gibt der nächste bekannt, welches Thema er mit der Gruppe diskutieren möchte.
Es darf nur einer zur Zeit sprechen.
Jeder Teilnehmer – im Hufeisen oder auf dem Podium – kann zu

dem gegenwärtigen Thema das Wort ergreifen. Er muß dazu aufstehen, wenn er seine Gedanken und Empfindungen zum Ausdruck bringen will. Wenn er fertig ist, setzt er sich wieder hin.
Jedes Thema von persönlichem oder allgemeinem Interesse kann von euch vorgeschlagen werden.
Sobald es leere Plätze gibt auf dem Podium, können andere Mitglieder aus der Gruppe kommen, die ein Thema vorschlagen wollen. Sie müssen damit natürlich warten, bis sie den rechten Platz auf dem Podium eingenommen haben.
Alle Teilnehmer und ich selbst haben die gleichen Rechte während der Diskussion und müssen sich an die Spielregeln halten.
Jeder hat das Recht zu sprechen und seinen eigenen Standpunkt darzulegen. Niemand darf in seinem Beitrag die Standpunkte anderer als falsch, dumm, naiv usw. bezeichnen, auch wenn er selbst eine andere Auffassung vertritt. Macht in euren Beiträgen deutlich, daß es eure eigenen Gedanken sind, die ihr vortragt, indem ihr sagt: „Ich denke..." – „Ich meine" etc.
Stellt keine Fragen, damit niemand verführt wird, sich zu rechtfertigen. Denkt immer daran, daß es für viele Probleme im Leben kein 'richtig' oder 'falsch' gibt.
Habt ihr die Spielregeln verstanden?... Ich möchte, daß wir uns für die Diskussionen zunächst 3o Minuten Zeit nehmen...

Auswertung

- Wie hat mir das Experiment gefallen?
- Fühle ich mich in der Gruppe sicher genug, um ein Thema vorzuschlagen bzw. klar Stellung zu nehmen?
- Wie leicht bzw. schwer fällt es mir, die Meinungen anderer zu tolerieren?
- Fand ich die vorgeschlagenen Themen interessant?
- Wie oft möchte ich eine solche Diskussion haben?
- Was möchte ich sonst noch sagen?

Erfahrungen

Vor allem in langfristig zusammenarbeitenden Gruppen (zum Beispiel in Schulklassen) ist dies eine ausgezeichnete Möglichkeit, sowohl die Gruppe betreffende Themen zur Sprache zu bringen als auch jene Themen, die das Interessenfeld einzelner Teilnehmer bestimmen.
Meistens ist es günstig, diese Form der Diskussion zu fest vereinbarten Zeitpunkten (zum Beispiel einmal wöchentlich) einzusetzen.

Nr. 21

Flagge zeigen

(nach Simon)

Ziele

Die Jugendlichen können in diesem einfachen Experiment ihre persönliche Auffassung zu einem kontroversen Thema zum Ausdruck bringen. Es bahnt eine lebendige Diskussion über dieses Thema an.

Teilnehmer

ab 12 Jahren

Zeit

ca. 25 Minuten

Material

Für jeden Teilnehmer einen großen Bogen Papier und Filzschreiber.

Anleitung

> Ich möchte euch anregen, eure Meinung zu einem Thema auszudrücken, das die Gemüter sehr bewegt und zu dem es ganz unterschiedliche Meinungen gibt. Was denkt ihr zum Beispiel zu dem Thema der Energiekrise?...

Oder wählen Sie mit der Gruppe ein anderes Thema, das starke gefühlsmäßige Reaktionen auslöst.

> Ich möchte, daß jeder von euch einen Slogan erfindet und auf einen Bogen schreibt, der seine persönliche Meinung widerspiegelt. Ein Slogan bringt einen Grundgedanken in komprimierter Form zum Ausdruck. Nehmt euch 15 Minuten Zeit, um euren Slogan zu finden und in geeigneter Weise aufzumalen...
> Jetzt nehmt eure Plakate und geht fünf Minuten auf eine Kampagne, um für euren Standpunkt zu werben. Haltet euer Plakat über euren Kopf und sagt anderen euren Slogan, wann immer ihr das möchtet... (5 Min.)
> Jetzt möchte ich, daß ihr eure Plakate an die Wände hängt...
> Kommt zum Kreis zurück, daß wir das Experiment auswerten können...

Auswertung

- Wie hat mir das Experiment gefallen?
- Was denke ich zu den Slogans der anderen?
- Welche haben mir gefallen?

- Welche Werte, Wünsche und Interessen werden in den verschiedenen Slogans angesprochen?
- Welche Slogans halte ich für 'werbewirksam'?
- Wie habe ich mich bei der Demonstration gefühlt?
- Wie leicht fiel es mir, meinen Slogan ernsthaft mitzuteilen?
- Könnte ich mir vorstellen, mit meinem Slogan auch 'draußen' zu demonstrieren, um in der Öffentlichkeit für meinen Standpunkt zu werben?
- Wann halte ich es für sinnvoll, einen eigenen Standpunkt anderen nahezubringen und sie für diese Meinung zu gewinnen?
- Halte ich es für sinnvoll, in eine Partei einzutreten?
- Sind meine Eltern politisch engagiert?
- Was möchte ich sonst noch sagen?

Erfahrungen

Mit älteren Jugendlichen können Sie dieses Experiment vertiefen, indem Sie die Gruppenmitglieder anregen, einen Brief an ihren Bundestagabgeordneten zu schreiben oder an eine örtliche Tageszeitung.

Nr. 22

Sechzig Sekunden

(nach Koberg/Bagnall)

Ziele

Die Teilnehmer können sich über einige ihnen besonders wichtige Werte und Ziele klarwerden, die sie nicht allein in ihrem privaten Bereich anstreben, sondern denen sie auch in der Gesellschaft Geltung verschaffen möchten. Gleichzeitig haben sie Gelegenheit, sich in einer kleinen Gruppe zu einigen.

Teilnehmer

ab 12 Jahren

Zeit

ca. 3o Minuten

Material

Für jede Kleingruppe Filzschreiber und einige große Bogen Papier.

Anleitung

Ich möchte euch ein Experiment vorschlagen, bei dem ihr euch mit einigen anderen Gruppenmitgliedern darauf konzentrieren könnt, was euch heute im Leben so wichtig ist, daß ihr auch andere dafür gewinnen möchtet.

Überlegt euch zunächst, mit welchen anderen Teilnehmern ihr in einer Vierergruppe arbeiten möchtet... Kommt jetzt in den Vierergruppen zusammen...

Ich möchte euch nun eure Aufgabe erklären. Stellt euch vor, daß ihr als Gruppe vom Fernsehen eine Minute Sendezeit geschenkt bekommen habt. Ihr könnt diese Sendezeit beliebig gestalten, um dem Publikum eine Botschaft eurer Wahl mitzuteilen. Die Kosten für die Herstellung des Films werden euch ebenfalls ersetzt. Eure Aufgabe ist es, diese eine Minute zu gestalten und so genau wie möglich anzugeben, was ihr dem Publikum sagen und wie ihr eure Botschaft übermitteln wollt. Vielleicht wollt ihr zum Beispiel dem Fernsehpublikum nahelegen, mehr Spielplätze für Kinder einzurichten, oder ihr wollt den Leuten empfehlen einen bestimmten Film anzusehen, den ihr wichtig findet. In jedem Fall soll eure Botschaft eure Wertvorstellungen zum Ausdruck bringen.

Habt ihr verstanden, was ich meine?... Ihr habt 3o Minuten Zeit, um euch zu überlegen, was ihr senden wollt...

Geben Sie älteren Jugendlichen länger Zeit.

Kommt nun zum Kreis zurück und erzählt, was ihr senden lassen wollt...

Auswertung

- Wie hat mir das Experiment gefallen?
- Was würde ich senden, wenn ich allein entscheiden könnte?
- Wie leicht haben wir uns in der Kleingruppe geeinigt?
- Was ist die wichtigste Wertvorstellung, die in unserer Idee enthalten ist?
- Wie würde das Publikum wohl reagieren?
- Was möchte ich sonst noch sagen?

Erfahrungen

Wenn Sie eine Videoanlage zur Verfügung haben, können Sie das Experiment wesentlich bereichern, indem Sie die Jugendlichen ihren Spot selbst mit den ihnen zur Verfügung stehenden Mitteln produzieren lassen.

Nr. 23

Pyramide des Lebens

(nach Simon/Clark)

Ziele

Dieses klassische Experiment gibt jedem Jugendlichen die Möglichkeit, einmal Bilanz zu machen, worauf es ihm im Leben ankommt, was er braucht, um zu überleben und wie er glücklich und effektiv werden kann.

Teilnehmer

ab 12 Jahren

Zeit

ca. 5o Minuten

Material

Papier und Bleistift und für jeden Teilnehmer Filzschreiber und einen grossen Bogen Zeichenpapier.

Anleitung

Ich möchte, daß ihr euch heute einmal Gedanken darüber macht, was ihr zum Leben braucht, d.h. was die Voraussetzungen dafür sind, daß ihr einmal überhaupt überleben könnt und daß ihr zum anderen glücklich sein und euch entfalten könnt.

Ihr habt jetzt 1o Minuten Zeit, um alles aufzuschreiben, was euch in diesem Zusammenhang einfällt, Dinge, Menschen, Eigenschaften...

Nun möchte ich, daß ihr in einem nächsten Schritt auf dem Zeichenpapier die eine Seite einer Pyramide zeichnet, also ein Dreieck. Stellt euch vor, daß die Dinge, die ihr aufgeschrieben habt, verschiedene Steine einer Pyramide sind. Die wichtigsten Steine einer Pyramide sind ganz unten. Sie tragen die Last des Aufbaus. Dementsprechend sollt ihr die wichtigsten Bestandteile eurer Liste in die unteren Quader schreiben, die nächstwichtigen darüber usw.

Habt ihr verstanden, was ich meine?...

Ihr habt für eure Aufgabe 1o Minuten Zeit...

Stoppt nun und kommt in Vierergruppen zusammen, damit ihr einander eure Pyramiden des Lebens zeigen könnt... Erklärt den anderen, was euch veranlaßt hat, eure Pyramide gerade auf diese Weise zusammenzusetzen und bestimmte Werte hier und da und nicht woanders einzutragen. Ihr habt 2o Minuten Zeit für diesen Austausch in der kleinen Gruppe...

Kommt nun in den großen Kreis zurück...

Ich möchte, daß wir versuchen, aus euren verschiedenen Quadern eine gemeinsame Pyramide zu machen, die alles das enthält, was für jeden Menschen unverzichtbar und wichtig ist...

Auswertung

- Wie hat mir das Experiment gefallen?
- Habe ich wichtige Dinge in meiner Pyramide vergessen?
- Gibt es Bedürfnisse und Werte in meiner Pyramide, deren Befriedigung für mich unsicher ist?
- Wer stellt sicher, daß ich meine wichtigen Bedürfnisse befriedigen kann?
- Welcher Wert bzw. welches Bedürfnis steht gegenwärtig im Zentrum meiner Aufmerksamkeit?
- Was möchte ich sonst noch sagen?

Erfahrungen

Das Experiment eignet sich für Gruppen aller Altersstufen.

Nr. 24
Mandala und Mantra
(nach Savary)

Ziele

Dieses reizvolle Experiment gibt den Jugendlichen die Möglichkeit, die für jeden Menschen spezifischen Wertvorstellungen und Ideale in den Blick zu bekommen und sie intensiv mit der eigenen Person zu verbinden.

Teilnehmer

ab 18 Jahren

Zeit

ca. 7o Minuten

Material

Papier und Bleistift, Zeichenpapier (DIN-A-3) und Ölkreiden.

Anleitung

Ich möchte euch zu einem Experiment einladen, das ebenso euren Verstand beansprucht wie eure Gefühle, eure Intuition und eure Phantasie. Ihr könnt dabei einige der für euer persönliches Dasein

wichtigsten Werte und Ideale bedenken und euch darauf besinnen, was sozusagen die Eckpfeiler eurer Persönlichkeit sind. Zunächst möchte ich, daß ihr die wichtigsten Ziele, die ihr anstrebt, aufschreibt, wie zum Beispiel: wahre Freunde, Selbstbewußtsein, Einfluß, Besitz, Dienst am Nächsten usw... (5 Minuten)
Nun notiert einige Ideale, an die ihr wirklich glaubt, die zum Zentrum eures Lebens gehören, wie zum Beispiel: Friede, Vertrauen, Wissenschaft, Aufrichtigkeit usw... (5 Minuten)
Nun schreibt Fähigkeiten und Begabungen auf, auf die ihr stolz seid, zum Beispiel: Kreativität, Treue, Organisationstalent, sportliche Leistungsfähigkeit, Zuhören können usw... (5 Minuten)
Nun notiert, was das Wichtigste ist, das ihr bisher in eurem Leben vollbracht habt, zum Beispiel mit einem Schicksalsschlag fertiggeworden zu sein, einen anderen aus einer Gefahr gerettet, eine hervorragende Leistung erbracht, die Liebe eines Menschen errungen zu haben usw... (5 Minuten)
Nun schreibt auf, ob es irgendein Symbol gibt, das einen wichtigen Aspekt eurer Persönlichkeit verdeutlicht. Es gibt viele Symbole, auf die ihr zurückgreifen könnt: Der Löwe kann Stärke repräsentieren, eine Kerze das Licht in der Finsternis, der Vogel die Freiheit usw. Überlegt ein Symbol für einen Aspekt eurer Persönlichkeit...
Nun notiert Dinge, die euch Tränen oder Sorgen gekostet haben, zum Beispiel Angst um einen Freund, eine schwierige Leistung, Streit in der Familie usw... (5 Minuten)
Nun schreibt Ideale eurer Familie auf, eurer religiösen Gemeinschaft, des Platzes, an dem ihr arbeitet, der Nation... (5 Minuten)
Jetzt möchte ich, daß ihr, nachdem ihr diese Aufgaben alle erfüllt habt, versucht, aus den verschiedenen Wertkomponenten einen Wert herauszufinden, oder neu zu bestimmen, der sozusagen das Zentrum eurer Persönlichkeit ist, der wichtigste Punkt eures gegenwärtigen Lebens, die Kraftquelle, die euch Energie gibt. Schreibt diesen wichtigsten inneren Bezugspunkt auf... (5 Minuten)
Nun möchte ich, daß ihr von all dem, was ihr bisher vorbereitet habt, euch inspirieren laßt, um ein Mandala zu zeichnen. Im östlichen Meditationssystem ist das Mandala eine in der Regel symmetrische Figur, ein Kreis, ein Rechteck oder miteinander verbundene Dreiecke mit einem Mittelpunkt, das dem Gläubigen hilft, seine Gedanken und Gefühle miteinander zu verbinden und sich zu konzentrieren. Im Inneren werden die Mandalas weiter gegliedert, um Wertvorstellungen, Ideale, Ziele und Zwecke aufzunehmen. Auf diese Weise sollen die verschiedenen seelischen und geistigen Komponenten zu einem Ganzen zusammengefaßt werden. Den Mandalas ver-

wandt sind viele Zeichen im religiösen und weltlichen Bereich, zum Beispiel die Rosette in gotischen Kathedralen, Familienwappen, nationale Fahnen etc.
Ich möchte, daß ihr nun euer eigenes Mandala malt, das zur euren Werten paßt. Die künstlerische Schönheit sollte zurücktreten hinter der Aufgabe, eure Ziele, Werte und Interessen zusammenzufassen und darzustellen. Wählt passende Formen und Farben und schreibt das, was euch wichtig ist, in das gegliederte Innere des Mandala. Stellt sicher, daß ihr den zentralen Wert eurer Existenz in die Mitte des Mandala eintragt. Ich habt 4o Minuten Zeit, euer Mandala fertigzustellen...
Jetzt möchte ich, daß ihr zum Schluß unter das Mandala noch ein Mantra schreibt, d.h. drei oder vier Worte, die euch selbst beschreiben bzw. worum es in eurem Leben geht, zum Beispiel:'Ich bin ich', oder 'Glaube, Liebe, Hoffnung' etc. Ihr habt dafür 5 Min. Zeit...
Nun gönnt euch fünf Minuten, um euer Mandala zu betrachten. Nehmt es in euch auf, laßt es in euer Unbewußtes einsinken, damit ihr es als Quelle der Inspiration, der Zuversicht und der Energie jederzeit verfügbar habt... (5 Min.)
Ich schlage vor, daß wir jetzt 1o Minuten Pause machen, um anschließend das Experiment auszuwerten...

Auswertung

- Wie hat mir das Experiment gefallen?
- Möchte ich mein Mandala der Gruppe zeigen?
- Welche Aufgaben konnte ich leicht, welche schwer erfüllen?
- Habe ich etwas Neues gelernt?
- Wie fühle ich mich jetzt?
- Was möchte ich sonst noch sagen?

Erfahrungen

Voraussetzung für dieses Experiment ist es, daß die Teilnehmer einige Übung darin haben, über sich selbst nachzudenken und Erfahrungen mit leichteren Experimenten zur Wert-Klärung sammeln konnten.
Darüberhinaus ist entscheidend, daß Sie der Gruppe genügend Zeit einräumen, so daß jeder entspannt und ruhig die Arbeit vollenden kann, für die der günstigste Zeitpunkt wohl der Vormittag sein dürfte.
Bitte halten Sie auf jeden Fall die Pause nach der Arbeit und vor der Auswertung ein, die notwendig ist, um die Teilnehmer wieder bereit zu machen, ihre Erfahrungen auszutauschen.

Nr. 25
Abstimmen
(nach Kirschenbaum)

Ziele

Diese einfache Strategie gestattet den Jugendlichen, schnell und klar eine persönliche Stellungnahme zu Wertfragen abzugeben. Das Experiment hilft vor allem, die vielfältigen Wertdifferenzen innerhalb einer Gruppe schnell zu übersehen und sich auf diese Weise daran zu gewöhnen, daß die eigenen Werte nicht von allen geteilt werden.

Teilnehmer

ab 12 Jahren

Zeit

ca. 3o Minuten

Anleitung

Ich möchte euch Gelegenheit geben, euch mit wichtigen Lebensbereichen zu beschäftigen. Ihr könnt dabei euren eigenen Standpunkt verdeutlichen und gleichzeitig sehen, was andere zu bestimmten Problemen denken. Ich werde euch eine Reihe von Fragen stellen. Wenn ihr eine Frage bejaht, dann hebt den Arm in die Höhe. Wenn ihr sie verneint, streckt den Arm waagerecht aus und zeigt mit dem Daumen nach unten. Wenn ihr unentschlossen oder neutral seid, verschränkt die Arme vor der Brust. Wer sich nicht äußern will, unternimmt nichts. Ihr könnt über die ganze Geschichte sprechen, sobald ich meine 1o Fragen gestellt habe. Schaut euch nach jeder Frage um, um zu sehen, wie die anderen antworten.

Habt ihr verstanden, wie das geht?... Dann wollen wir jetzt beginnen:

Sollen Jugendliche selbst entscheiden, welche Kleidung sie kaufen?...

Wollt ihr eure Kinder strenger erziehen als ihr selbst erzogen wurdet?...

Lügt ihr gelegentlich?...

Geht ihr zum Geburtstag von Leuten, die ihr nicht mögt?...

Habt ihr in der letzten Woche 'eine gute Tat' vollbracht?...

Darf man seinen Eltern sagen, daß man wütend auf sie ist?...

Hat dein Vater genug Zeit für dich?...

Möchtest du erfolgreicher sein als dein Vater?...

Sind die Amerikaner bessere Menschen als die Russen?...

Verdirbt Politik den Charakter?...
Laßt uns das Experiment auswerten und die einzelnen Fragen noch einmal durchgehen. Die erste Frage hieß: „..." Könnt ihr den von euch eingenommen Standpunkt begründen? Was habt ihr bemerkt?...

Erfahrungen

Besonders nützlich ist es, wenn Sie diese Strategie im Zusammenhang mit spezifischen Themen verwenden, an denen Sie mit Ihrer Gruppe arbeiten, so daß die Fragen einen gemeinsamen Brennpunkt haben, zum Beispiel Freundschaft, Gastarbeiter, Famlilie , Geld usw. Sie können auch die Jugendlichen selbst Fragen aufschreiben lassen, an denen sie interessiert sind. Dann kann jeweils ein Teilnehmer seine Fragen der Gruppe stellen. Wichtig ist, daß die Listen nicht mehr als 1o Fragen haben.
Eine anschließende Diskussion ist meistens sinnvoll.
Für Sie als Gruppenleiter ist es gut, wenn Sie gleichfalls mit abstimmen, allerdings erst dann, wenn alle anderen sich in der Beantwortung bereits entschieden haben.
Schließlich können Sie diese Strategie als schnelles Feedback-Instrument einsetzen, indem Sie am Ende einer Sitzung fragen: „Haben wir dieses Thema erschöpfend diskutiert?" – „Seid ihr zufrieden mit dem Verlauf der Stunde?" usw.

Nr. 26
Werte und Symbole
(nach Howe/Howe)

Ziele

Dieses Experiment hilft den Jugendlichen, ihr Wertbewußtsein zu vertiefen. Sie können in der Kleingruppe ihr Verständnis verschiedener zentraler Werte zum Ausdruck bringen und versuchen, auf einen gemeinsamen Nenner zu kommen.

Teilnehmer

ab 14 Jahren

Zeit

ca. 1 Stunde

Material für die Teilnehmer

Werte und Symbole

WERT	*GEGENSTAND*	*GRÜNDE FÜR DIE AUSWAHL*
Schönheit		
Liebe		
Freundschaft		
Wahrheit		
Frieden		

Material

Formular 'Werte und Symbole'

Anleitung

Ich möchte, daß ihr heute einmal darüber nachdenkt, welches Verhältnis ihr zu wichtigen Werten habt, was sie für euch bedeuten, welche Gedanken und Empfindungen sie bei euch auslösen. Das sollt ihr in kleinen Gruppen mit vier Teilnehmern tun. Findet euch also zunächst in Vierergruppen zusammen...

Ihr bekommt nun ein Formular von mir... Wie ihr seht, sind dort fünf Werte aufgeführt. Eure Aufgabe in der Kleingruppe ist es, gemeinsam einen Spaziergang zu machen und für jeden der fünf Werte ein Objekt auszuwählen, das nach eurem gemeinsamen Verständnis am besten zum Ausdruck bringt, welche Rolle dieser Wert in eurem Leben spielt oder spielen soll. Wenn es sich um Gegenstände handelt, die ihr hierher transportieren könnt, dann tut das. Wenn ihr einen Gegenstand entdeckt, der nicht hergebracht werden kann, notiert ihn lediglich in der zweiten Spalte.

Bitte füllt auf eurem Spaziergang euer Formular aus und notiert auch die Gründe, weshalb ihr den jeweiligen Wert mit gerade diesem Objekt in Verbindung bringen möchtet. Einigt euch in eurer Gruppe aufpassende symbolische Gegenstande. Ihr habt 1 Stunde Zeit. Bitte seid pünktlich zurück, damit wir uns dann über eure Erfahrungen austauschen können...

Auswertung

- Wie hat mir das Experiment gefallen?
- Wie gut konnten wir uns einigen?
- Für welche Objekte hätte ich mich entschieden, wenn ich allein gewesen wäre?
- Welche unterschiedlichen Objekte sind jetzt für ein und denselben Wert gebracht worden?
- Habe ich etwas Neues gelernt über mich oder andere?
- Mit welchen Werten würde ich mich bei einer Wiederholung des Experiments gern beschäftigen?
- Was möchte ich sonst noch sagen?

Erfahrungen

Dieses 'Natur'-Experiment regt die Phantasie der Jugendlichen an und eignet sich für alle Altersgruppen.

Nr. 27
Positives Feedback
(nach Howe/Howe)

Ziele
Dieses reizvolle Experiment regt die Bereitschaft der Jugendlichen an, einander bewußt wahrzunehmen und sich dabei auf die persönlichen Vorzüge eines anderen zu konzentrieren. Das positive Feedback kann das Selbstwertgefühl des jeweiligen Partners bestärken und das Klima in der Gruppe verbessern. Diese Strategie eignet sich besonders für Gruppen, in denen viel kritisiert und 'gestichelt' wird.

Teilnehmer
ab 16 Jahren

Zeit
ca. 2o Minuten

Material
Bleistift und Kärtchen

Anleitung

Ich möchte, daß ihr in diesem Experiment einmal darüber nachdenkt, welche Vorzüge und Stärken ihr bei anderen Teilnehmern entdecken könnt.
Findet euch zunächst in Paaren zusammen und zwar mit einem Partner, den ihr besonders gut kennt...
Verteilt euch im Raum und setzt euch einander gegenüber... Denkt über den Partner nach und schreibt dann alle seine Stärken und Vorzüge auf, die euch einfallen. Sprecht nicht miteinander. Ihr habt dafür 3 Minuten Zeit...
Jetzt habt ihr eine Viertelstunde Zeit, um – jeder für sich – auf einen Spaziergang ins Freie zu gehen. Ihr sollt drei Gegenstände mitbringen, die jeweils eine der Stärken des Partners symbolisieren. Wenn ihr zum Beispiel einen Gegenstand sucht, der die Empfindsamkeit des Partners zum Ausdruck bringen soll, könnt ihr vielleicht eine kleine Blume mitbringen.
Habt ihr verstanden, worum es geht?...
Dann macht euch jetzt auf den Weg und seid pünktlich zurück. Wenn ihr einander begegnen solltet unterwegs oder wenn ihr zurückgekommen seid, sprecht noch nicht mit eurem Partner und zeigt auch nicht, was ihr mitgebracht habt... (15 Min.)

Setzt euch nun in den Kreis... Ich möchte, daß jeweils einer von euch zu seinem Partner geht, ihm die drei mitgebrachten Gegenstände überreicht und ihm erklärt, welche Stärken durch sie ausgedrückt werden. Anschließend kann sich der Partner mit seinen Geschenken 'revanchieren'...

Auswertung

- Wie hat mir das Experiment gefallen?
- War es leicht, Stärken bei meinem Partner zu entdecken?
- Habe ich vorher mit ihm schon einmal über seine Stärken gesprochen?
- Fällt es mir leicht, die Vorzüge anderer anzuerkennen und auszudrücken?
- Wie habe ich auf das reagiert, was mein Partner mir gesagt hat?
- Werden meine Vorzüge von anderen häufig genug anerkannt?
- Gibt es in dieser Gruppe ein ausgewogenes Verhältnis zwischen Kritik und Anerkennung?
- Wie schwer fiel es mir, passende Gegenstände zu entdecken?
- Was möchte ich sonst noch sagen?

Erfahrungen

Dieses Experiment eignet sich besonders gut für langfristig zusammenarbeitende Gruppen, in denen sich die Teilnehmer gut kennen.
Wenn es unmöglich ist, daß die Gruppe ins Freie geht, können Sie die Objekte auch zeichnen und ausschneiden lassen.

Nr. 28
Wert-Bewußtsein
(nach Hamlin)

Ziele

Jeder von uns setzt seine Energie für eine Reihe von Werten ein, weil er von ihnen profitieren möchte. Allzu oft sind uns die Vorteile, die uns ein Wert bietet, nicht klar; dasselbe gilt für die Konsequenzen, die wir zu tragen haben, wenn wir einen bestimmten Wert zu erlangen trachten.
Dieses anspruchsvolle Experiment hilft älteren Jugendlichen, diesen Zusammenhängen etwas auf die Spur zu kommen.

Teilnehmer

ab 18 Jahren

Zeit
ca. 55 Minuten

Material
Papier und Bleistift

Anleitung

Ich möchte euch einladen, einmal über wichtige Ziele und Ideale nachzudenken und euch klarzumachen, wie sehr ihr euch für sie einsetzt, was ihr durch sie gewinnt und was die Konsequenzen für euch sind.

Schreibt gleich fünf wichtige Ziele auf, für die ihr wirklich Energie aufwendet, und laßt hinter jedem Ziel fünf bis sechs Zeilen frei. Welche wichtigen Ziele habt ihr? Ihr habt 5 Minuten Zeit...

Jetzt schreibt hinter jeden Punkt, was ihr tut, um dieses Ziel zu erreichen. Ihr habt wieder 5 Minuten Zeit...

Schreibt nun hinter jedes Ziel, welche Vorteile ihr dadurch habt. Auf welche Weise profitiert ihr davon? Liegt der Vorteil im Beifall eines wichtigen Menschen, der gern möchte, daß ihr dieses Ziel erreicht? Hilft es euch, zu Hause oder in der Freundschaft zu überleben? Habt ihr allein Nutzen davon, oder haben auch andere einen Vorteil dadurch? Zeigt sich der Vorteil in augenblicklicher Befriedigung oder profitiert ihr langfristig davon? Oder trifft beides zu? Ihr habt eine Viertelstunde Zeit für diese Aufgabe...

Nun schreibt noch auf, womit ihr bezahlen müßt, um das Ziel zu erreichen. Was verliert ihr dadurch? Worauf müßt ihr verzichten? Welche Risiken geht ihr ein? Ihr habt wieder 15 Minuten Zeit...

Nun sucht euch einen Partner in der Gruppe und berichtet einander, was ihr notiert habt und was euch bewußt geworden ist. Für euren Austausch habt ihr 2o Minuten Zeit...

Kommt nun zum großen Kreis zurück, so daß wir eine gemeinsame Schlußauswertung vornehmen können...

Auswertung

- Wie hat mir das Experiment gefallen?
- Was war das wichtigste, das ich mir erarbeitet habe?
- Habe ich etwas nicht aufgeschrieben, was mir durch den Kopf ging? Habe ich mich selbst zensiert?
- Habe ich Ziele entdeckt, die mir vorher nicht bewußt waren?
- Bin ich damit zufrieden, wie ich meine Energie einsetze?
- Habe ich Ziele herausgefunden, die ich zu teuer bezahle?
- Möchte ich etwas verändern?

- Ärgere ich mich über andere, die erwarten, daß ich bestimmte Ziele verfolge?
- Was möchte ich sonst noch sagen?

Erfahrungen
Es ist wichtig, daß in der Gruppe ein gutes Vertrauensverhältnis besteht und daß die Teilnehmer genügend Zutrauen zu Ihrer Kompetenz als Leiter haben.

SCHULE UND LERNEN

Nr. 29
Wegwerf-Computer
(nach Howe/Howe)

Ziele
Dieses Experiment gibt den Mitgliedern einer Lerngruppe eine gute Gelegenheit, sich darüber klar zu werden, an welchen Themen, Fragestellungen und Problemen sie vorrangig interessiert sind. Üblicherweise neigen die Lehrenden dazu, den Lernenden mitzuteilen, was wichtig und was unwichtig ist. Auf diese Weise wird ein Teil Lernunlust gleich miterzeugt, denn wir lernen am intensivsten und ausdauerndsten, wenn wir unserer eigenen Neugier folgen und uns mit Dingen beschäftigen, an denen wir ein vitales Interesse haben.
Der 'Wegwerf-Computer' gibt jedem Gruppenmitglied die Chance, von eigenen Fragestellungen aus einem bestimmten Arbeitsgebiet auszugehen, sie mit Fragestellungen anderer zu vergleichen und in einem Entscheidungsprozeß eigene und fremde Interessen miteinander auszugleichen.

Teilnehmer
ab 12 Jahren

Zeit
ca. 4o Minuten

Material
1 'Wegwerf-Computer', d.h. einen schwarzen Schuhkarton. Sie können die Teilnehmer vorher auch bitten, einen 'Wegwerf-Computer' zu bauen. Außerdem brauchen Sie für jede Kleingruppe einen großen Bogen Papier, Filzschreiber, Papier und Bleistift.

Anleitung

Ich möchte euch ein Experiment vorschlagen, bei dem ihr herausfinden könnt, was eure wichtigsten Interessen in unserem Lern- und Arbeitsgebiet sind. Ich habe hier einen 'Wegwerf-Computer', der alle möglichen Fragen schlucken kann. Leider ist er nach einigen Fragen verbraucht und muß weggeworfen werden. Darum möchte ich, daß ihr euch in Vierergruppen aufteilt, so daß wir nicht gar so viele Fragen haben für ihn...
Jede Gruppe soll sich auf eine Frage einigen, die sie dem Computer vorlegen will. Es soll die wichtigste Frage sein, die in der Gruppe über unser gegenwärtiges Arbeitsgebiet aufkommt. Jeder Teilnehmer hat dabei das Recht, Vorschläge zu machen, und die Gruppe

muß sich einigen auf eine gemeinsame Frage. Ihr könnt dabei so vorgehen, daß jeder zunächst einige Fragen und Probleme für sich aufschreibt, die er gern dem Computer vorlegen möchte. Dann könnt ihr in der Kleingruppe nacheinander eure Fragen vorstellen und begründen, weshalb sie für euch wichtig sind und anschließend den Versuch machen, euch auf eine gemeinsame wichtige Frage zu einigen. Ihr habt eine halbe Stunde Zeit dafür. Bitte schreibt eure gemeinsame Frage deutlich auf einen großen Bogen... (3o Min.)
Kommt nun zum Kreis zurück und füttert nacheinander den Computer mit euren Fragen. Ihr wißt, daß unser Computer keine Antworten zu den Fragen ausspucken kann, und vielleicht habt ihr sogar Fragen entwickelt, die kein Computer der Welt beantworten kann. Deshalb möchte ich gemeinsam mit euch versuchen, Fragen, die gleich beantwortet werden können, gleich aufzulösen. Für schwierige Fragen können wir zu ermitteln versuchen, was zu ihrer Lösung erforderlich ist, wo die benötigten Informationen stecken, wie lange wir uns möglicherweise mit ihnen beschäftigen müssen, ob wir das tun wollen, und wann wir das tun wollen.
Stellt nun eure Fragen...

Auswertung
- Wie hat mir das Experiment gefallen?
- Welche Art von Fragen hat die Gruppe produziert?
- Was war die komplizierteste und was war die einfachste Frage?
- Unter welchen Bedingungen ist jede Frage zu lösen?
- Welche Frage halte ich für die wichtigste?
- Produziere ich beim Lernen in diesem Fachgebiet häufig eigene Fragen oder warte ich, bis ich gefragt werde?
- Was möchte ich sonst noch sagen?

Erfahrungen
Sie können damit rechnen, daß die Fragen ein breites Spektrum abdecken. Wenn zum Beispiel im Fach Physik dieses Experiment erprobt wird, dann könnten Fragen kommen wie: Wie kommt die Anziehungskraft der Erde zustande? Wie baut man eine elektrische Klingel? Wer ist der größte physikalische Entdecker? Wie werden wir im Physikunterricht besser? – bis zu der Frage: Ist es sinnvoll, heute Physik zu studieren?
Klären Sie in jedem Fall mit den Jugendlichen, welchen Schwierigkeitsgrad eine Frage hat und einigen Sie sich, ob, wie und wann schwierige Fragen bearbeitet werden sollen. Es ist sehr wichtig, daß die erarbeiteten Fragestellungen mit dem fortschreitenden Lernprozeß der Gruppe verbunden werden.

Nr. 30
Was ist ein guter Lehrer?
(nach Maid/Wallace)

Ziele
Dieses Experiment gibt den Jugendlichen die Chance, die eigene Einstellung zum Lernen zu überprüfen und die Zusammenhänge zwischen Erziehung, Abhängigkeit und Unabhängigkeit zu bedenken. Gleichzeitig können sie einschätzen, in welchem Ausmaß verschiedene Lehrer ihre Selbständigkeit förderten.

Teilnehmer
ab 16 Jahren

Zeit
ca. 5o Minuten

Material
Formular 'Was ist ein guter Lehrer?'

Anleitung

Ich möchte euch heute einmal anregen, über wichtige Aspekte des menschlichen Lernens nachzudenken. Im Grunde genommen lernen wir unser ganzes Leben lang. Wenn wir geboren werden, lernen wir zu atmen, zu schreien, Milch aus der Brust der Mutter zu saugen. Wir lernen, ein Gesicht zu erkennen und anzulächeln, nach der Klapper zu greifen, zu kriechen, zu laufen und zu sprechen. Dabei ist es unsere Neugier und sind es unsere Wünsche, die uns in Bewegung setzen und Kontakt mit der Umgebung aufnehmen lassen.
Natürlich gelingt uns nicht alles, wir tun uns selbst weh und machen auch einiges kaputt. Und natürlich sind wir darauf angewiesen, daß unsere Eltern für uns sorgen, uns Liebe und Anerkennung geben. Am besten ist es für unser Lernen, wenn unsere Mißerfolge zur Kenntnis genommen und nicht bestraft werden. Wenn wir in gefährlichen Aktionen zwar Hilfe erhalten, aber keine übermäßigen Angstsignale der Eltern und wenn unsere Erfolge Anerkennung finden. Viele Eltern reagieren auf das selbständige Lernen ihres Kindes verärgert und verängstigt und fühlen sich überfordert, bei so viel Spontaneität, flexibel mitzuhalten. Sie tun viel, um das Kind ihrer eigenen Bequemlichkeit anzupassen, sie machen es abhängig, indem sie die Furcht vor Bestrafung einsetzen, um das Kind von bestimmten Handlungen abzuhalten oder wenn sie ihre Liebe an das Wohlverhal-

Material für die Teilnehmer

Was ist ein guter Lehrer?

Bitte denke einen Augenblick über folgendes Zitat nach: „Ein guter Lehrer unterrichtet Schüler, um sie in die Lage zu versetzen, ohne Lehrer auszukommen."

Was soll Deiner Meinung nach dieses Zitat bedeuten?

. . . .

. . . .

. . . .

Stimmst Du dieser Behauptung zu? Warum? Warum nicht?

. . . .

. . . .

Was bedeutet Erziehung für dich?

. . . .

. . . .

. . . .

Welche Erfahrung hast Du mit Abhängigkeit und Unabhängigkeit in Deiner bisherigen Erziehung gemacht?

. . . .

. . . .

. . . .

Welcher Deiner Lehrer hat Dir am besten geholfen, ein für Dein Alter ausgewogenes Verhältnis zwischen Abhängigkeit und Unabhängigkeit zu erlangen? Wie hat er das gemacht?

. . . .

. . . .

. . . .

Wenn Du selbst Jugendliche zu unterrichten hättest: Worauf käme es Dir an? Nenne mindestens drei Grundsätze oder Erziehungsziele, die Dich leiten würden:

. . . .

. . . .

. . . .

Weshalb ist es so schwer für die meisten Lehrer (und Eltern), im Sinne des genannten Zitates zu handeln?

. . . .

. . . .

. . . .

. . . .

ten des Kindes knüpfen, indem sie dem Kind zu verstehen geben: „Ich habe dich lieb, wenn du das und das tust.“ Auf diese Weise wird die äußere Abhängigkeit des Kindes (von den Eltern zum Beispiel Schutz und Nahrung zu erhalten) künstlich durch eine innere verstärkt. Das Lernen erfolgt in Bahnen, die zum großen Teil von den Eltern vorgezeichnet sind. Um die Liebe seiner Eltern nicht zu verlieren, erfüllt das Kind die Erwartungen – gute und böse – seiner Beschützer.
Ähnliche Zusammenhänge ergeben sich später immer wieder, wenn wir bei anderen 'Beschützern' in der Schule und in der Ausbildung lernen. Und auch die neuen Beschützer stehen vor der Frage, wie weit sie ihrer inneren Bequemlichkeit zuliebe unseren Lernprozeß übersichtlich und unser Verhalten voraussehbar modellieren, oder wie weit sie um unserer Selbständigkeit willen Anstrengungen in Kauf nehmen, Überraschungen und Gefahren mit uns durchstehen wollen.
Ihr könnt diesen wichtigen Zusammenhängen besser auf die Spur kommen, wenn ihr das Formular bearbeitet, das ich für euch vorbereitet habe. Ihr habt dafür 2o Minuten Zeit...
Stoppt nun und kommt in Vierergruppen zusammen und tauscht euch aus über eure Notizen. Ihr habt für euer Gespräch 3o Minuten Zeit...
Kommt nun zum großen Kreis zurück, damit wir das Experiment gemeinsam auswerten können...

Auswertung

- Wie hat mir das Experiment gefallen?
- Auf welche Weise haben meine Eltern mein Lernen und meine Selbständigkeit gefördert? Wie haben sie es behindert?
- Welcher mir bekannte Mensch ist am freiesten und selbständigsten in seinem Lernen?
- Welche Auffassung vom Menschen steckt im Kern in Prüfungen und Examen?
- Wie hoch schätze ich die Selbständigkeit ein, die ich mir bisher erarbeitet habe?
- Was kann ich tun, um selbständiger zu werden und kreativer zu lernen?
- Gibt es in dieser Gruppe für mich ein Vorbild in puncto Lernen und Selbständigkeit?
- Was möchte ich sonst noch sagen?

Erfahrungen
Wenn Sie genügend Selbstvertrauen haben, können Sie mit der Gruppe besprechen, wie Ihr Verhalten als Gruppenleiter unter dem Aspekt der Erziehung zur Selbständigkeit gesehen wird.

Nr. 31
Gemischtes Feedback
(Vopel)

Ziele
Dieses Experiment ermöglicht den Jugendlichen, ihre Eindrücke, Kritik und Wertschätzung dem Lehrer mitzuteilen. Sie üben auf diese Weise, sich mit einer für sie wichtigen Autoritätsperson auseinanderzusetzen. Gleichzeitig können sie überprüfen, wie weit ihre Sicht des Lehrers mit dessen Selbstwahrnehmung übereinstimmt. Für Sie als Lehrer oder Gruppenleiter ist dieses Experiment eine Chance, detaillierte Informationen darüber zu bekommen, wie der einzelne Schüler auf Sie reagiert. Da Feedback häufig genausoviel über den Sender wie über den Empfänger aussagt, hilft es auch Ihnen, den Schüler besser zu verstehen insbesondere hinsichtlich seiner Beziehung zu Autoritäten. Unterscheiden Sie sorgfältig zwischen Beobachtungen und Wünschen in bezug auf Ihre Person und Übertragungen und Projektionen der Teilnehmer.

Teilnehmer
ab 14 Jahren

Zeit
ca. 4o Minuten

Material
Formular 'Gemischtes Feedback'

Anleitung

> Heute möchte ich euch bitten, euch mit mir zu beschäftigen. Ich hoffe, daß sowohl ihr als auch ich davon profitieren werde.
> Ich habe einen Fragebogen vorbereitet und bitte euch, ihn auszufüllen. Ich selbst werde ihn auch ausfüllen, soweit das möglich ist. Ich werde ihn als mein jüngerer Doppelgänger beantworten. Ihr habt für eure Arbeit 2o Minuten Zeit...

Rufen Sie dann die Gruppe zum Kreis zurück und gehen Sie gemeinsam

Material für die Teilnehmer

Gemischtes Feedback

Hier hast Du Gelegenheit, Deine Gedanken, Beobachtungen, Hoffnungen und Wünsche in bezug auf meine Person ausführlicher darzustellen. Bitte beantworte der Reihe nach die folgenden Fragen:

Manchmal erinnert mich der Lehrer an. wenn er
. . . . .
Wenn der Lehrer sich in eine Pflanze verwandeln würde, wäre er. . . . .
Wenn ich den Lehrer mit einer bestimmten Wetterlage vergleichen wollte, dann denke ich an . . . .
Zu ihm paßt das Sprichwort . . . .
. . . . .
Äußerlich gefällt mir am Lehrer: . . . .
Nicht so gut gefällt mir am Äußeren des Lehrers: . . . .
An seiner Art zu unterrichten gefällt mir vor allem . . . .
. . . . .
An seiner Art zu unterrichten stört mich manchmal . . . .
. . . . .
Im Blick auf den Unterricht wünsche ich mir, daß er. . . . .
. . . . .
Über Jugendliche denkt er, daß sie . . . .
. . . . .
Er schätzt an Jugendlichen . . . .
Er befürchtet, daß Jugendliche . . . .
Die fünf wichtigsten Ideale und Ziele dieses Lehrers sind:
1 . . . .
2 . . . .
3 . . . .
4 . . . .
5 . . . .
Für ihn heißt Unterrichten . . . .
Erziehung heißt für ihn . . . .
An seinem Beruf schätzt er vor allem . . . .
In seinem Beruf belastet ihn vor allem. . . . .
Ich verdanke diesem Lehrer. . . . .
Manchmal denkt er über mich . . . .
Wenn der Lehrer mich um einen wichtigen Rat bitten würde, würde ich ihm sagen . . . .
. . . . .

Frage für Frage durch. Sie selbst sollten als erster Ihre jeweilige Antwort veröffentlichen und dann die Teilnehmer bitten, ihre Antworten mitzuteilen.

Auswertung

- Wie hat mir das Experiment gefallen?
- Habe ich etwas Neues über den Lehrer erfahren?
- In welchen Punkten wird der Lehrer sehr unterschiedlich von den einzelnen Schülern gesehen?
- Wann sollte das Experiment wiederholt werden?
- Wie läßt sich der Fragebogen verbessern?
- In welcher Atmosphäre verlief diese Sitzung?
- Wie fühle ich mich jetzt?
- Wie, glaube ich, fühlt sich der Lehrer?
- Trägt dieses Experiment dazu bei, die Beziehung zum Lehrer zu verbessern?
- Was möchte ich sonst noch sagen?

Erfahrungen

Die wichtigste Voraussetzung für das Gelingen dieses Experiments ist es, daß Ihnen wirklich an einem differenzierten Feedback gelegen ist und daß Sie so weise sind, daß Sie Kritik und Anerkennung ruhig und offen entgegennehmen können und gleichzeitig in der Lage sind, Ihre Selbsteinschätzung freimütig vorzutragen.
Drängen Sie niemanden, mehr von seinen Aufzeichnungen zu veröffentlichen als er möchte.
Je nach Entwicklungsstand der Gruppe ist es ratsam, den Fragebogen zu verkürzen.

Nr. 32
Fortschritte
(Vopel)

Ziele

Je positiver das Selbstkonzept eines Lehrers ist,je mehr er sich selbst schätzen kann, desto besser wird er in der Lage sein, die Entwicklung seiner Schüler großherzig und souverän zu begleiten.
Dieses Experiment kann einmal das Selbstwertgefühl des Lehrers bestärken, zum anderen macht es die Schüler darauf aufmerksam, daß auch eine Autorität wie der Lehrer gelegentlich eine Aufmunterung gut brauchen

kann. Sie können ihre seelische Energie einmal darauf konzentrieren, dem Lehrer etwas zu geben und nicht nur von ihm zu nehmen.

Teilnehmer
ab 15 Jahren

Zeit
ca. 45 Minuten

Material
Papier, Bleistift, Ölkreiden

Anleitung

Ich möchte, daß ihr heute einmal etwas Ähnliches bei mir versucht, was ich sonst bei Euch mache, nämlich Lernfortschritte überprüfen und Anerkennung ausdrücken, wenn euch etwas gelungen ist. Ihr könnt dabei etwas lernen, nämlich ein möglichst abgewogenes Urteil abzugeben, und ich kann etwas lernen, und zwar umso mehr, je gründlicher ihr über mich nachdenkt.

Ich möchte, daß ihr in kleinen Gruppen zusammenarbeitet. Kommt bitte in Vierergruppen zusammen...

Eure Aufgabe soll es nun sein, drei Dinge zu erarbeiten. Stellt bitte gemeinsam in der Gruppe fest, wo ich mich im letzten halben Jahr am stärksten verbessert und am meisten dazugelernt habe. Zum Beispiel könnt ihr sagen:„Wir finden, daß wir Sie leichter kritisieren können. Als wir Ihnen sagte, daß Ihre Aufsatzthemen uns nicht besonders gut gefallen, haben Sie ganz ruhig mit uns darüber gesprochen, um zu erfahren, was wir damit meinen und was wir uns wünschen." Zweitens überlegt, welche meiner Handlungen euch im letzten halben Jahr am meisten gefallen hat; war es nun der Besuch in der Faust-Aufführung oder der Wandertag oder das Gespräch mit dem Direktor in der Affäre X? Drittens möchte ich, daß ihr mir irgendeine wichtige Empfehlung gebt, die, wenn ich sie beachte, mir hilft, besser im Beruf und/oder im Leben zurechtzukommen. Ihr könntet mir zum Beispiel sagen:„Lernen Sie noch mehr Nein zu sagen, dann überlasten Sie sich nicht und enttäuschen auch andere nicht mit halb oder gar nicht erfüllten Versprechen."

Stellen Sie sicher, daß in jeder Gruppe ein Mitglied die drei Punkte der Aufgabe notiert. Neue und schwierige Aufgaben werden allzu leicht nur teilweise erinnert und zum Teil unbewußt verfälscht.

Formuliert eure Eindrücke und Einschätzungen zu den drei genannten Punkten in jeweils einigen Sätzen. Dann entwerft eine Urkunde,

die ihr mir nachher überreichen könnt. Ihr könnt sie ganz sachlich halten oder verzieren, ganz wie ihr wollt.
Habt ihr verstanden, was ich von euch haben möchte?... Ihr habt 3o Minuten Zeit für eure Aufgabe...

Verlängern Sie die Zeit ggf.

Ich möchte nun, daß ihr zunächst kurz berichtet, wie ihr in den Kleingruppen gearbeitet habt. Wie schwer war die Aufgabe für euch? Wie habt ihr euch einigen können? Wie war eure Stimmung dabei? Ich möchte gern von jeder Gruppe ein paar Worte hören...
Nun möchte ich, daß die Gruppen mir nacheinander die Urkunden überreichen und dabei laut vorlesen, was sie zu den drei Punkten aufgeschrieben haben...

Vergessen Sie nicht, jeder Gruppe für die Mühe zu danken, die in die Aufgabe und in Sie investiert wurden.

Auswertung

- Wie hat mir das Experiment gefallen?
- Denke ich gelegentlich darüber nach, daß auch Lehrer und andere Autoritätspersonen noch dazulernen können bzw. sollten?
- Unter welchen Bedingungen können Erwachsene noch dazulernen?
- Denke ich bei Lehrern auch manchmal über ihre persönliche Seite nach?
- Was sind die psychologischen Grundideen in diesem Experiment?
- Möchte ich, daß dieses Experiment wiederholt wird? Wenn ja: Wann?
- Wie hat der Lehrer auf die verschiedenen Urkunden reagiert?
- Hat er positive Aussagen genießen können?
- Was möchte ich sonst noch sagen?

Erfahrungen

Es ist nützlich, dieses Experiment dann auszuprobieren, wenn die Klasse selbst Zeugnisse bekommt. Am meisten profitieren Sie als Lehrer davon, wenn Sie diese Strategie in regelmäßigen Abständen — etwa halbjährlich — anwenden.

Nr.33
Applaus
(nach Wells)

Ziele
Manchmal ist ein Mitglied der Gruppe deprimiert, enttäuscht und einsam. Der Betreffende fühlt sich wenig lebendig und möglicherweise überflüssig. Das damit verbundene geringe Selbstwertgefühl wirkt sich in der Regel als Lernhindernis aus, weil der Betreffende dann viel Energie aufwenden muß, um nach außen einigermaßen die Fassung zu bewahren bzw. um physisch anwesend zu bleiben und nicht einfach wegzulaufen. Für die geistige Mitarbeit bleibt dann wenig Kraft übrig. In einem solchen Fall haben Sie mit diesem Experiment eine ausgezeichnete Strategie, dem betreffenden Schüler zu einer Aufmunterung und damit zu neuer Energie zu verhelfen.

Teilnehmer
ab 12 Jahren

Zeit
ca. 5 Minuten

Anleitung

> Ich möchte euch bitten, mir behilflich zu sein.
> Mirjam ist heute zu spät gekommen und hat zu allem Übel noch eine Arbeit 'verhaun'. Ich möchte, daß ihr ihr zeigt, daß sie gleichwohl zu uns gehört und daß sie liebenswert und tüchtig ist. Wir können ihr das dadurch symbolisch zeigen, indem wir uns hinstellen und ihr eine Minute lang Beifall spenden, in die Hände klatschen und ihr ermutigende Worte zurufen, zum Beispiel: „Du bist liebenswert und tüchtig, Mirjam. Du gehörst zu uns. Das Leben ist schön.." und was sonst einem Menschen guttun kann, der sich gerade 'down' fühlt...(1 Min.)

Starten Sie selbst und rufen Sie Mirjam einige ermunternde Worte zu. Stoppen Sie nach einer Minute oder früher, wenn der Beifall schwächer wird.

> Mirjam, ich hoffe, dir hat unser Applaus gutgetan... Gibt es sonst noch jemanden in der Klasse, der dieselbe Aufmunterung im Moment vertragen kann?...

Erfahrungen
Dieses Experiment wird dann noch bedeutsamer, wenn Sie es gelegentlich wiederholen, so daß es von den Empfängern als Bestandteil einer verständ-

nisvollen Gruppenkultur erlebt werden kann. Sinnvoll ist es auch, mit der Klasse darüber zu sprechen, welche Variationen sich die Jugendlichen vorstellen und wünschen können, um dasselbe psychologische Ziel zu erreichen. In manchen Fällen – besonders wenn der Auslöser für das depressive Verhalten eines Teilnehmers Ihnen nicht bekannt ist – ist es angebracht, zuvor den betreffenden Jugendlichen taktvoll anzuregen, kurz mitzuteilen, was ihn bedrückt. Es ist wichtig, daß allen Beteiligten deutlich ist, was jemanden konkret bedrückt (Anerkennung des Negativen), um dann Verbundenheit auszudrücken.

Nr. 34
Erfolgskontrolle
(nach Canfield)

Ziele

Dieses Experiment hilft den Schülern, mehr Verantwortung für das eigene Lernen zu übernehmen, indem sie üben, sich selbst Ziele zu setzen und das Erreichen dieser Ziele selbst zu überprüfen. Indem sie dies öffentlich vor der Gruppe tun, geben sie dem Prozeß der Selbstkontrolle mehr Verbindlichkeit und lernen gleichzeitig, eigene Teilziele mit Gruppenzielen zu verbinden. Die Struktur dieser Strategie gestattet es jedem einzelnen, auch kleinere Ziele zu formulieren und damit auch kleine Erfolge, die sonst leicht übersehen werden, bewußt zu erleben und anderen gegenüber deutlich zu machen.

Teilnehmer

ab 14 Jahren

Zeit

ca. 25 Minuten

Material

Kärtchen für alle Teilnehmer; einen großen Bogen Zeichenpapier. Malen Sie auf den Bogen in die Mitte schematisch ein Fußballtor inkl. Torlinie.

Anleitung

Ich möchte euch ein Experiment vorschlagen, das ich gern in den nächsten Wochen praktizieren will. Ich möchte, daß ihr montags ein paar Minuten über ein Ziel nachdenkt, das ihr in der dann folgenden Woche in der Schule erreichen wollt. Wichtig ist dabei, daß das Ziel

von euch so beschrieben wird, daß ihr überprüfen könnt, ob ihr das Ziel erreicht habt.
Dazu müßt ihr das Ziel konkret beschreiben. Schreibt also nicht: „Ich möchte in Mathematik besser werden", sondern schreibt lieber:„Ich möchte in der nächsten Arbeit eine '3' schreiben", oder: „Ich möchte mich in jeder Stunde mindestens fünfmal melden" usw.

Verwenden Sie auf diesen Punkt genügend Zeit, so daß die Schüler wirklich verstehen, wie sie realistische und überprüfbare Ziele identifizieren können.

Nehmt jetzt ein Kärtchen und schreibt ein Ziel auf, das ihr in dieser Woche anstreben wollt. Fügt euren Namen und das heutige Datum hinzu... (5 Min.)
Ich habe ein großes Plakat vorbereitet, auf das ihr gleich eure Kärtchen mit Tesafilm kleben sollt. Bitte benutzt dafür den freien Raum um das Tor herum...
Am nächsten Montag werden wir uns 15 Minuten Zeit nehmen und alle diejenigen, die ihr Ziel erreicht haben, können ihre Karte dann in das Tor hängen. Dabei werden wir dann hören, welches Ziel auf welche Weise erreicht wurde. Anschließend könnt ihr dann neue Ziele ins Auge fassen und um das Tor herum aufhängen.
Die Kärtchen mit Zielen, die noch nicht erreicht wurden, bleiben an der alten Stelle hängen, bis ihr euer Ziel erreicht habt.

Erfahrungen
Besprechen Sie mit der Gruppe, was der beste Rhythmus ist für diese Aktivität. Je nach Art der Gruppe kann eine höhere oder geringere Frequenz sinnvoll sein. Wichtig ist, daß über nicht erreichte Ziele zunächst nicht gesprochen wird, damit diese Schüler nicht dieselbe Aufmerksamkeit erhalten wie die Erfolgreichen. Das würde den Verstärkungseffekt für die erfolgreichen Schüler mindern und die Verantwortlichkeit der nicht erfolgreichen Schüler für ihren Mißerfolg abschwächen. Andererseits sollten Sie darauf achten, ob einige Kärtchen, die sehr lange vor dem Tor bleiben, ggf. ein unrealistisches, zu hoch gestecktes Ziel beinhalten. Helfen Sie dann den betreffenden Schülern, ggf. ein bescheideneres Ziel ins Auge zu fassen und die Karte auszuwechseln.
Wenn die Karten eine Woche im Tor gehangen haben, werden sie entfernt, um Platz für neue 'Treffer' zu machen.
Bei jüngeren Schülern kann die Symbolik dieser Strategie noch vertieft werden, wenn sie ihren Kärtchen die Form eines Fußballs geben.

Nr. 35
Schüler der Woche
(nach Collins)

Ziele

Ein positives Selbstkonzept können wir leichter entwickeln, wenn wir gelegentlich von anderen hören, daß sie uns mögen, daß sie einiges an uns schätzen und uns in bestimmter Hinsicht für tüchtig halten. Wenn unser Bedürfnis nach Wertschätzung befriedigt ist, benötigen wir weniger Energie für Abwehrmechanismen, und wir können diese Kraft dem Lernprozeß zuführen.
Dieses Experiment verhilft einzelnen Schülern zu mehr Selbstachtung und betont in der Klasse eine respektvolle und unterstützende Einstellung zueinander.

Teilnehmer

ab 12 Jahren

Zeit

jeweils ca. 15 Minuten

Material

Papier und Bleistift; jeweils ein Photo des betreffenden Schülers und einen großen Bogen Papier.

Anleitung

Ich möchte in dieser Klasse einen neuen Brauch einführen, der allen helfen kann, sich in unserer Mitte noch wohler zu fühlen. Ich möchte, daß wir wöchentlich einen 'Schüler der Woche' ehren. Jeder wird nachher seinen Namen auf einen kleinen Zettel schreiben und diesen zu einem Los zusammenfalten. Die Lose werden in einer Schachtel aufbewahrt und der Klassensprecher zieht am vorletzten Tag der Woche ein Los und gibt den entsprechenden Namen bekannt.
Am nächsten Tag bringt dann dieser Schüler ein Photo von sich mit, das auf einen großen Bogen Papier geklebt wird. Darunter schreibt der Betreffende seinen Namen, sein Alter und den Namen unserer Klasse. Anschließend machen wir uns Gedanken darüber, was uns an diesem Schüler gut gefällt, was wir an ihm persönlich schätzen, was er zu der gemeinsamen Arbeit beiträgt und worin er erfolgreich ist. Wer einen Einfall hat, teilt das mit und schreibt das in einem Satz auf das vorbereitete Plakat mit dem Photo. Ich denke, daß ihr auf

diese Weise zu jedem Schüler etwa acht bis zehn freundliche Bemerkungen zusammenbekommt, die seinem Selbstbewußtsein auf die Beine helfen können. Anschließend wird das Plakat an die Wand gehängt, so daß wir von Woche zu Woche eine wachsende Galerie von 'Schülern der Woche' erhalten.

Auswertung
(nach einer Woche)

- War es leicht für mich, zu dem Schüler der Woche etwas Positives zu schreiben oder zu sagen?
- Wie reagiere ich als Schüler der Woche auf die Bemerkungen der anderen?

Erfahrungen
Besprechen Sie mit Ihrer Klasse, wie weit der wöchentliche Rhythmus paßt. Vielleicht möchten die Schüler, daß gleichzeitig zwei oder drei von ihnen in einer Woche durch das Los gewählt werden.
Es ist wichtig, daß Sie auf jeden Fall selbst jedes Mal eine positive Bemerkung hinzufügen.

Nr. 36
Sechs Fragen
(nach Read/Simon)

Ziele
Viel zu oft verläuft der Unterricht so, daß die Schüler den Eindruck gewinnen, daß es vor allem darauf ankommt, Informationen aufzunehmen und relativ einfache geistige Techniken zu erlernen. Viel zu wenig werden sie angeregt, ein Bewußtsein für den eigenen Prozeß des Lernens zu entwikkeln, so daß sie in der Lage sind, im Lebensprozeß das eigene Lernen beständig in Gang zu halten, es auszudehnen und zu immer komplexeren geistigen Tätigkeiten voranzuschreiten.
Die folgende Strategie regt die Teilnehmer an, eine reflektiertere Einstellung zum eigenen Lernen zu entwickeln. Dazu ist es erforderlich, daß sie immer wieder angewendet wird.

Teilnehmer
ab 15 Jahren

Material für die Teilnehmer

Sechs Fragen

Bitte ergänze die Satzanfänge und füge weitere Bemerkungen hinzu, wenn Du Lust hast.

Für mich war der Höhepunkt dieser Lerneinheit ....
....
....
....
....
....

Mir wurde klar ....
....
....
....
....
....

An meinem eigenen Verhalten während dieser Lerneinheit gefiel mir .....
....
....
....
....

Am Verhalten des Lehrers gefiel mir ....
....
....
....
....

Eine Schwierigkeit war ....
....
....
....
....

Mehr wissen möchte ich über/wie ....
....
....
....
....
....

Datum .... *Unterschrift:* ....

Zeit
ca. 15 Minuten

Material
Formular 'Sechs Fragen', zweifach für jeden, mit Blaupapier

Anleitung

Wir lernen am besten, wenn wir nicht nur darauf achten, was wir lernen, sondern uns auch bewußt sind, wie wir lernen. So wichtig Lernen für einzelne wissensgebiete sein mag, am wichtigsten ist eigentlich für jeden Menschen, zu üben, richtig zu lernen. Ein Mensch, der diese Fähigkeit besitzt, wird immer eine erfreuliche oder wichtige Arbeit finden.

Ich möchte gern, daß ihr häufiger darüber nachdenkt, wie ihr gelernt habt, so daß ihr besser in der Lage seid, euer Lernen selbst zu steuern.

Ich habe dazu ein Formular vorbereitet, das ihr ausfüllen sollt. Ihr behaltet das Original, die Kopie bekomme ich. Ich möchte, daß ihr eure Antworten in einem Schnellhefter sammelt, damit ihr von Zeit zu Zeit die Entwicklung eures Lernens verfolgen könnt. Ihr habt für eure Arbeit 1o Minuten Zeit...

Wenige Tage, nachdem die Schüler ihre Formulare abgegeben haben, sollten Sie eine kurze Auswertung mit der Klasse machen, deren Spielregeln Sie mit der Klasse vereinbaren sollten.

Erfahrungen
Benutzen Sie für dieses Experiment in der Regel nicht mehr als sechs Fragen. Am besten variieren Sie die Fragen, um die Aufmerksamkeit der Schüler wach und sensitiv zu halten.
Ein guter Rhythmus für dieses Instrument ist dreiwöchig.
Fügen Sie eigene Satzanfänge hinzu und lassen Sie die Schüler Satzanfänge eigener Wahl hinzufügen. Sehr sinnvoll ist es, in größeren Abständen die angesammelten Feedbackbögen von den Schülern analysieren zu lassen unter wechselnden Fragestellungen. Weitere Fragen können sein:
Von dem, was ich gelernt habe, war am nützlichsten... Nach meiner Meinung sollte geändert werden... Anwenden konnte ich schon von dem, was ich gelernt habe... Ich hoffe... Ich möchte wissen... Ich bin stolz... Die wichtigsten Gefühle, die ich bei dieser Lerneinheit hatte, waren... Ich habe genossen... Nicht verstanden habe ich... Am liebenswertesten und fähigsten fühle ich mich in der Klasse, wenn... Wenn ich ein Symbol für mich während dieser Lerneinheit auswählen sollte, dann wäre das... Beim Lernen geholfen hat mir... Beim Lernen hat mich blockiert... Richtig 'in

Gang' gekommen bin ich beim Lernen, als... Ich kam mit dem Lernen in eine Krise, als... Ich möchte gern folgende Vereinbarung schließen mit mir selbst (dem Lehrer, den Klassenkameraden)... Ich warte darauf, daß... Am wertvollsten ist für mich... Ich denke darüber nach... Heute habe ich... Morgen will ich... Ich freue mich, daß meine Klassenkameraden... Wenn ich der Lehrer wäre... Offener Kommentar:...

Nr. 37
Erfolg des Tages
(Vopel)

Ziele

Dies ist eine nützliche Strategie, das Bewußtsein der Schüler positiv zu zentrieren und sie den Schultag beenden zu lassen.

Teilnehmer

ab 12 Jahren

Zeit

ca. 1o Minuten

Anleitung

> Ich möchte, daß ihr zum Schluß der Arbeit euch darauf konzentriert, was ihr gut gemacht habt. In einem Rundgang soll jeder kurz einen Erfolg nennen, den er heute gehabt hat...

Schließen Sie sich selbst mit ein.

Erfahrungen

Achten Sie darauf, daß jeder mit dem Bewußtsein wenigstens eines kleinen Erfolges nach Hause geht. Wenn einem Schüler nichts einfällt, lassen Sie die anderen helfen oder helfen Sie im äußersten Fall selbst.

Nr. 38
Was mir wichtig ist
(nach Canfield)

Ziele

In der Klasse haben Jugendliche selten Gelegenheit, über Dinge zu sprechen, die ihnen sehr am Herzen liegen. Dieses Experiment gibt ihnen dazu die Möglichkeit, so daß sie Gedanken und Gefühle anderer als wertvoll und bedeutungsvoll erfahren können. Auf diesem Wege können sie auch sich selbst als wichtig und wertvoll empfinden lernen.

Teilnehmer
ab 14 Jahren

Zeit
ca. 3o Minuten

Material
Eine große Rolle Packpapier (schneiden Sie mehrere Bahnen davon ab und hängen Sie sie an die Wände oder legen Sie sie auf den Boden). Es ist bedeutungsvoll, daß mehrere Schüler gleichzeitig auf demselben Papier arbeiten — Filzschreiber und Wachsmalkreiden.

Anleitung

> Ich möchte euch ein Experiment vorschlagen, bei dem ihr einander besser kennenlernen könnt. Jeder von euch kann gleich auf die grossen Packpapierbahnen etwas zeichnen, ein Symbol oder ein Bild von etwas, was ihm wichtig ist, womit er sich innerlich beschäftigt, was er mag oder nicht mag, was er liebt oder haßt.
> Nehmt euch Filzschreiber oder Wachsmalstifte und sucht euch einen Platz am Papier. Teilt das Papier zunächst durch senkrechte Striche auf und zwar immer im Abstand von ca. 4o cm. Ihr habt für eure Arbeit eine Viertelstunde Zeit...
> Schreibt euren Namen über euer Bild. Geht dann herum und seht euch an, was die anderen gemalt haben... (5 Min.)

Lassen Sie anschließend jeden Jugendlichen ein paar Sätze zu seinem Bild sagen, was er ausgewählt hat und was seine innere Beziehung dazu ist.

Auswertung
- Wie hat mir das Experiment gefallen?
- Wer hat etwas ähnliches gemalt wie ich?
- Über wen habe ich etwas Neues erfahren?
- Wie fühle ich mich im Augenblick in der Gruppe?
- Was möchte ich sonst noch sagen?

Erfahrungen
Dieses scheinbar simple Experiment hat in der Regel starke Auswirkungen auf die Schüler und betont in der Gruppe Respekt und Wertschätzung.

Nr. 39

Wie lerne ich?

(nach Hamlin)

Ziele

Das Ziel dieses Experiments ist es, daß die Schüler entdecken, wie sie innerlich und äußerlich auf eine intellektuelle Aufgabe und das dadurch erforderliche Lernen reagieren. Nur wenn ich bemerke, was und wie ich etwas tue, kann ich meinen Lernprozeß sinnvoll steuern, unerwünschtes Verhalten aufgeben, Pausen zum richtigen Zeitpunkt machen, Gedanken von Gefühlen trennen, Verhaltensmuster von den Erfordernissen der spezifischen Situation trennen usw. Ohne Selbstbeobachtung agiere ich leicht als Spielball widersprüchlicher Gefühle, Hoffnungen und Befürchtungen.

Teilnehmer

ab 15 Jahren

Zeit

ca. 4o Minuten

Anleitung

Bitte bearbeitet folgende Aufgabe...

Bitte stellen Sie der Klasse eine Aufgabe aus Ihrem Fachgebiet, an der jeder schriftlich zu arbeiten hat. Es ist wichtig, daß Sie dieses Experiment nicht als solches ankündigen, weil die spezifischen Erkenntnisse sonst verdunkelt werden durch innere Reaktionen auf das Experiment selbst. Unterbrechen Sie die Arbeit der Schüler nach 5 bis 1o Minuten.

Ich möchte, daß ihr hier stoppt und die vergangenen Minuten analysiert unter der Fragestellung: „Wie gehe ich an eine Aufgabe heran? – Wie lerne ich?"

Schreibt zunächst auf, was ihr äußerlich gesehen getan habt, als ich euch die Aufgabe gab, z.B. das Buch genommen, auf den Nägeln gekaut, den Kugelschreiber herausgesucht etc. Könnt ihr dabei verschiedene Arbeitsphasen unterscheiden?... (5 Min.)

Nun schreibt auf, was ihr bei anderen Aufgaben charakteristischerweise äußerlich tut... (5 Min.)

Nun schreibt auf, was ihr innerlich getan habt, was ihr gedacht und gefühlt habt, als ich euch die Aufgabe gab, z.B. die Zähne zusammengebissen, den Bauch angespannt, schnell geatmet etc. Vergeßt nicht die Empfindungen eures Bauches, eure Unlust vielleicht, Kopfschmerzen usw. .. (5 Min.)

Nun schreibt auf, wie ihr üblicherweise innerlich reagiert, wenn ihr

an eine Aufgabe herangeht... (5 Min.)
Schreibt nun ein paar Sätze auf zu dem Thema:„Wie ich eine Aufgabe anpacke – Wie ich lerne". Beschreibt, welche Befehle ihr euch gebt, wie ihr euch antreibt, wie ihr euch blockiert, euch unterbrecht was ihr vermeidet, worauf ihr euch konzentriert, was eure Hoffnungen sind und eure Befürchtungen, wie ihr eure Energie einsetzt und in welche Richtung ihr sie lenkt. Ihr habt 1o Minuten Zeit...
Stoppt nun und laßt uns darüber sprechen, was ihr herausgefunden habt...

Auswertung

- Wie hat mir das Experiment gefallen?
- Habe ich etwas Neues über mich erfahren?
- Wie weit treibe ich mich selbst bei einer Aufgabe an ?(„Du mußt das tun, damit ein anderer gut über dich denkt")
- Wie weit lasse ich mich von einer Aufgabe anziehen? („Ich will sehen, was passiert, wenn ich meine geistige Energie auf diese Aufgabe loslasse")
- Was sind meine wichtigsten Vermeidungsmanöver?
- Wie kann ich es erreichen, mich nicht unter Druck zu setzen und gleichwohl zu lernen?
- Gönne ich mir genügend Pausen beim Lernen?
- Wie belohne ich mich nach getaner Arbeit?
- Was möchte ich sonst noch sagen?

Erfahrungen

Es ist unerläßlich, daß Sie dieses Experiment einige Male überraschend praktizieren, damit die Schüler die erforderliche Genauigkeit der Selbstbeobachtung beim Lernen einüben können.
Fragen Sie sich auch sorgfältig, wie weit Ihr eigener didaktischer Stil Lernblockaden der Schüler noch verstärkt. Suchen Sie gemeinsam nach Abhilfe.

Nr. 40
Konzentration
(Vopel)

Ziele

In diesem Experiment können die Schüler den wichtigen Unterschied zwischen Konzentration und Anstrengung erkennen. Viele Menschen spannen

sich an, wenn sie etwas tun wollen, was von ihnen unbewußt als schwierig oder neuartig eingestuft wird. Sie atmen ganz flach und gehen mit relativ hohem körperlichen und geistigen Druck vor. Das strengt einerseits an, andererseits fehlt dann oft die notwendige Flexibilität, und die Ergebnisse sind unbefriedigend.
Anders ist es bei der Konzentration. Statt mit blindem Eifer und ängstlich operiere ich hier im Vollgefühl meiner Kraft. Da ich davon ausgehe, daß ich genügend habe, setze ich meine Kraft dosiert und sparsam ein, geistig und körperlich. Ich atme tief und entspannt, bin flexibel und funktioniere entsprechend besser, weil ich mein Vorgehen schneller an die Erfordernisse der Aufgabe anpassen kann.

Teilnehmer
ab 16 Jahren

Zeit
ca. 1o Minuten

Anleitung

Ich möchte mit euch ein kleines Experiment ausprobieren, das einen wichtigen Sachverhalt beim Lernen beleuchtet. Es geht dabei um die optimale Dosierung von Energie. Wenn ich eine Aufgabe zu bewältigen habe – besonders gilt das für schwierige – dann bin ich leicht in der Gefahr, ängstlich zu reagieren. Das heißt, ich stelle mehr Energie bereit für die anstehende geistige oder körperliche Handlung, als ich eigentlich brauche. Dabei spanne ich die Muskulatur des Körpers an und atme zusätzlich noch flach. Die flache Atmung gestattet mir, die Angst nicht so stark zu verspüren. Andererseits bewirkt sie, daß mein Körper zu wenig Sauerstoff erhält und ich schneller ermüde. Wenn ich auf diese Weise an eine Aufgabe herangehe, dann nenne ich das 'sich anstrengen'.
Ganz anders gehe ich vor, wenn ich mich für einen Stil entscheide, den man 'sich konzentrieren' nennt. Ich gehe dann eher mit der inneren Einstellung von Neugier und Zuversicht an die Sache heran und mobilisiere nur so viel Energie, wie ich von Augenblick zu Augenblick brauche. Mein Körper bleibt locker, und ich atme gleichmäßig und ziemlich tief. Ich kann mein Vorgehen – da ich locker bin – leicht korrigieren und an die wechselnden Erfordernisse der Aufgabe gut anpassen.
Ich werde euch gleich ein interessantes Experiment vorschlagen, bei dem ihr versuchen könnt, zwischen Anstrengung und Konzentration zu unterscheiden.

Sucht euch dazu einen Partner aus, der ungefähr gleich schwer und gleich stark ist...
Verteilt euch paarweise im Raum und stellt euch in einem Abstand von Armeslänge zu eurem Partner auf...
Stellt nun eure beiden eigenen Füße dicht nebeneinander und berührt mit euren senkrecht gestellten Handinnenflächen die Handinnenflächen des Partners...
Euer Ziel soll es nachher sein, den Partner aus der Balance zu bringen und selbst stehenzubleiben. Dabei gelten einige Spielregeln:
Wenn der Partner einen oder beide Füße umsetzt, während ihr selbst unverrückt stehenbleibt, dann habt ihr einen Punkt gewonnen.
Wenn der Partner sich an euch festhält, weil er zum Beispiel droht, die Balance zu verlieren, oder wenn er euch sonst an irgendeiner anderen Stelle eures Körpers berührt, habt ihr gleichfalls einen Punkt gewonnen. Wenn beide Partner die Balance verlieren, bekommt niemand einen Punkt.
Ihr braucht euch nicht ständig an den Handinnenflächen zu berühren. Ihr könnt sie zum Beispiel schnell wegziehen oder einen Angriff simulieren, um so den Partner zu verwirren und aus der Balance zu bringen.
Wenn ihr den Partner berührt, darf es jedoch nur mit der flachen, senkrecht gestellten Handinnenfläche sein, und ihr dürft nur seine Handinnenfläche berühren.
Achtet darauf, daß ihr die Regeln einhaltet und daß ihr euch selbst nicht verletzt. Beginnt jetzt... (1 1/2 Min.)
Stoppt jetzt und sucht euch einen neuen Partner mit vergleichbarer Körperkraft... (1 1/2 Min.)
Stoppt und wechselt erneut den Partner... (1 1/2 Min.)
Kommt nun zum großen Kreis zurück...
Was habt ihr bemerkt?...

Auswertung

- Wie hat mir das Experiment gefallen?
- Habe ich den Unterschied zwischen Anstrengung und Konzentration bemerkt?
- Was geschah, wenn ich mich anstrengte?
- Was geschah, wenn ich mich konzentrierte?
- In welchen Situationen strenge ich mich beim Lernen an (in welchen Fächern, bei welchen Lehrern, bei welcher Aufgabe)?
- In welchen Situationen konzentriere ich mich beim Lernen (in welchen Fächern, bei welchen Lehrern, bei welcher Aufgabe)?
- Was möchte ich sonst noch sagen?

Erfahrungen

Das Experiment bringt immer viel Spaß und ist eine ausgezeichnete Illustration des Sachverhalts. Damit der Transfer der Einsichten auf die üblichen geistigen Lernsituationen gelingt, müssen Sie sicherstellen, daß die beiden vorletzten Auswertungsgesichtspunkte ausführlich diskutiert werden.

Nr. 41

Kontakt und Rückzug

(Vopel)

Ziele

Eine wichtige Voraussetzung für konstruktives Lernen ist der richtige Rhythmus von Kontakt und Rückzug. Auch wenn ich konzentriert lerne (vgl. Exp. 4o) und meine Energie sparsam dosiere, werde ich nach einiger Zeit ermüden. Wenn ich die eigenen Ermüdungssymptome deutlich erkennen kann, kann ich mir rechtzeitig eine Pause gönnen und das Lernen kurzfristig unterbrechen (Rückzug). Ich vermeide damit, mich zu überfordern und eine Menge von Entschuldigungen und Ausflüchten, die ich dann später erfinden würde, um Begründungen für das nicht erkannte und mir nicht zugestandene Pausenbedürfnis zu haben. Stattdessen kann ich ziemlich bald wieder an meinen Aufgaben arbeiten (Kontakt), bis ich erneut ein Erholungsbedürfnis feststelle.
Dieses Experiment hilft den Jugendlichen zunächst einmal, die Berechtigung von Erholungspausen einzusehen und nach individuellen Formen kurzer Erholungszeit zu suchen. Ihnen als Lehrer wird auf diese Weise ebenfalls geholfen, weil Sie mit weniger Störungen zu rechnen haben, mit denen überforderte Schüler reagieren.

Teilnehmer

ab 12 Jahren

Zeit

ca. 5 Minuten

Anleitung

Geben Sie für dieses Experiment kein Ziel von vornherein an. Lassen Sie die Gruppe 15 Minuten intensiv an irgendeiner fachlichen Aufgabe arbeiten.

Bitte stoppt einen Augenblick eure Arbeit. Ich möchte euch eine

kurze Erholungspause gönnen. Immer wenn wir lernen, verbrauchen wir körperliche, geistige und seelische Energie. Wenn wir den richtigen Zeitpunkt für eine kurze Unterbrechung der Arbeit versäumen, weil wir zunächst einmal unser Erholungsbedürfnis übersehen, dann kann die Qualität unserer geistigen Tätigkeit sehr leiden. Wir sind nur mit halber Aufmerksamkeit dabei, machen Fehler, wünschten uns, wir könnten etwas anderes tun. Wir fangen an, uns zu unterhalten und zu stören. Ich weiß nicht, wie weit ihr im Augenblick bereits an diesem Punkt angelangt seid, wo ihr eine Pause wirklich benötigt. Ich möchte euch jedoch demonstrieren, welche wohltuende Wirkung ein kurzes Auftanken mit Energie haben kann.
Dazu möchte ich euch ein kleines Entspannungsexperiment vorschlagen.
Stellt euch aufrecht hin oder legt euch auf den Boden, ganz wie ihr wollt...
Schließt die Augen und bringt euren Körper in eine solche Position, daß ihr das Gefühl habt, gut ausbalanciert zu sein und es wirklich bequem zu haben...
Gönnt Augen und Ohren eine Ruhepause und wendet euer Bewußtsein nach innen... Achtet einen Augenblick auf euren Körper... Was könnt ihr dort bemerken?... (2o Sek.)
Jetzt stellt euch vor, daß die Erde ein riesiger Energieball ist, aus dem ihr etwas abzapfen könnt, damit ihr euch stark und gut fühlt. Ihr könnt euch zum Beispiel vorstellen, daß die Energie summt und brummt, oder ihr könnt euch vorstellen, daß die Energie warm ist und leuchtet – oder alles zusammen, ganz wie ihr wollt... (2o Sek.)
Lockert jetzt eure Füße und stellt euch vor, daß die Energie in eure Füße einströmt... (1o Sek.)
Lockert jetzt die Knöchel und laßt die Energie die Beine hinaufströmen... (1o Sek.)
Laßt jetzt Beine, Knöchel und Füße empfinden, wie die Energie aus der Erde durch sie hindurchströmt... (1o Sek.)
Laßt jetzt die Energie durch das Becken fließen... und euer ganzer Körper unterhalb der Hüften kann diese Energie aus der Erde spüren... (1o Sek.)
Jetzt laßt die Energie durch Arme und Hände fließen... (1o Sek.)
Laßt die Energie durch den Bauch fließen... (1o Sek.)
Laßt die Energie jetzt durch den Magen und durch die Brust fließen bis hinauf zur Kehle... (1o Sek.)
Und jetzt laßt die Energie noch weiter fließen durch eure Augen und durch das Gehirn nach oben bis zum Scheitel des Kopfes...
Fühlt den Energiestrom von der Erde bis zum Scheitel... (2o Sek.)

Merkt euch diese Möglichkeit, euch Energie aus der Erde zu holen. Immer, wenn ihr eure Batterie aufladen wollt, könnt ihr die Energie durch eure Füße in den Körper überströmen lassen. Es ist immer genügend Energie da. Ihr müßt euch nur die Zeit dafür nehmen...
Kommt jetzt mit eurem Bewußtsein zur Gruppe zurück und fühlt euch ausgeruht und erfrischt...
Öffnet die Augen, wenn ich bis 3 gezählt habe. 1...2...3...

Bitte setzt nun eure Arbeit fort und achtet nun selbst darauf, wann für euch der nächste Zeitpunkt kommt, an dem ihr den Eindruck habt, daß ihr eine kurze Unterbrechung brauchen könnt.
Diesmal möchte ich, daß ihr selbst herausfindet, auf welche Weise ihr euch erfrischen könnt. Die einzige Bedingung dabei ist, daß ihr andere, die im Augenblick keine Pause machen wollen, nicht bei der Arbeit stört. Ihr könnt zum Beispiel eine Zeit aus dem Fenster schauen, euch ein Glas Wasser holen, einige tiefe Atemzüge machen oder in eurer Phantasie ein erfrischendes Bad im Ozean nehmen.

Unterbrechen Sie die Arbeit nach weiteren 15 Minuten und werten Sie für den Rest der Stunde das Experiment aus.

Auswertung

- Wie hat mir das Experiment gefallen?
- Habe ich in der zweiten Viertelstunde ein Pausenbedürfnis bei mir festgestellt? Woran habe ich das bemerkt?
- Wie habe ich für meine Erholung gesorgt? Was habe ich getan?
- Woran merke ich sonst, daß ich eine erfrischende Pause brauche?
- Wie sorge ich normalerweise für Erholung?
- Was habe ich von meinen Eltern über Erholungspausen gelernt?
- Wie sorgt mein Vater für seine Erholung?
- Wie sorgt meine Mutter für ihre Erholung?
- Was möchte ich sonst noch sagen?

Erfahrungen

Wiederholen Sie dieses Experiment und variieren Sie dabei die konzentrative Übung, indem Sie aus der Sammlung 'Anwärmspiele' oder 'Selbstakzeptierung und Selbstverantwortung 1' geeignete Variationen auswählen. Rechnen Sie damit, daß viele Menschen unbewußt ein schlechtes Gewissen haben, wenn sie eine Pause machen. Das trifft besonders für die sogenannten 'faulen' Schüler zu. Im Hintergrund steht hier häufig ein besonders hohes Leistungsideal, dem der betreffende Schüler nicht gerecht werden kann. Die wenigsten von uns haben gelernt, Konzentration und Arbeit mit Rückzug und Erholung sinnvoll abwechseln zu lassen. – Überzeugen Sie sich daher häufig durch kurze Rückfragen, wie weit jedes einzelne Gruppenmitglied mit der Technik individueller Kurzpausen zurechtkommt bzw. wie weit die kollektiven Pausen, die Sie einschalten müssen, für Ihre Gruppe angemessener sind.

Nr. 42
Forschendes Lernen
(nach Maue)

Ziele

Oft lernen wir im Blick auf genau definierte Zwecke und Ziele, so daß unsere geistige Selbständigkeit, unsere Fähigkeit, relevante Fragestellungen zu entwickeln, unsere Neugier und Kreativität dabei verkümmern. Das gilt in einem hohen Maße für schulisches Lernen, so daß die Jugendlichen beim Schulabschluß überwiegend als geistig unselbständige Menschen ihre weitere Ausbildung oder Berufstätigkeit antreten.
Für den weiteren Lebensweg sind damit zunehmend gewisse Risiken verbunden. Geistige Selbständigkeit und Originalität sind gerade heute eine der besten Versicherungen gegen Arbeitslosigkeit und die damit verbundenen psychosozialen Schäden.
Dieses Experiment hat einmal diagnostischen Wert. Jeder Jugendliche kann herausfinden, wie weit er wirklich selbständig und kreativ eine Aufgabe anpacken und lernen kann. Zum anderen bietet das Experiment einen guten Einstieg in forschendes Lernen. Da die Jugendlichen etwas scheinbar Zweckloses tun, müssen sie ihre Erfahrungen stärker beachten und selbst herausfinden, was sie aus ihnen Sinnvolles ableiten können.

Teilnehmer

ab 16 Jahren

Zeit

ca. 6 Stunden

Material

Für jeden Schüler zwei Knäuel Bindfaden oder Garn in unterschiedlichen Farben; eine Schere: Notizblock und Bleistift.

Anleitung

Ich möchte euch heute zu einem ungewöhnlichen Experiment einladen, das ich selbst nicht ganz überblicke. Ich weiß nur, daß es

eine ausgezeichnete Möglichkeit ist, etwas ganz Neues zu lernen, viel zu beobachten, Fragen zu stellen und vielleicht anschließend geistige Ordnung in die eigenen Erfahrungen zu bringen. Das Ganze ist ein kleines Forschungsprojekt, bei dem zunächst kein großer Sinn zu entdecken ist und wo selbst mögliche Ergebnisse oder Hypothesen schwer vorauszusehen sind.
Ich möchte nämlich, daß jeder von euch nachher Bindfaden verschenkt. Ihr werdet auf die Straße gehen und dreißig Leuten ein Stück Bindfaden anbieten. Dazu bekommt jeder zwei Rollen verschiedenfarbigen Bindfaden. Laßt jede Person, der ihr Bindfaden anbietet, selbst entscheiden, wie lang das Stück sein soll. Schreibt auf, welche Farbe ein Passant wählt, wie lang sein Stück ist und macht dann einige Angaben über ihn selbst, wie er aussieht, wie er gekleidet ist, Mann oder Frau, Alter, Sprechweise und was euch sonst auffällt. Wenn ihr eure dreißig Stücke verschenkt habt, dann möchte ich, daß ihr einen kleinen Bericht schreibt und eure Erkenntnisse und Schlußfolgerungen hinzufügt. Anschließend werden wir die Berichte gemeinsam durchsprechen und das Experiment auswerten.
Ihr habt sechs Stunden Zeit für den praktischen und den theoretischen Teil des Experiments...

Auswertung

- Wie hat mir das Experiment gefallen?
- Was war leichter für mich: der praktische oder der theoretische Teil?
- Was habe ich bei dem praktischen Teil über mich gelernt und über andere?
- Was habe ich bei dem theoretischen Teil über mich gelernt?
- Welche Hinweise gibt mir das Experiment über meine geistige Selbständigkeit?
- Welche praktischen Fähigkeiten und inneren Einstellungen möchte ich nach den Erkenntnissen dieses Experiments für mich ausbauen?
- Wie kann ich das tun?
- Habe ich sonst genügend Gelegenheit für Lernprojekte, die meine Selbständigkeit herausfordern?
- Was möchte ich sonst noch sagen?

Erfahrungen

Schlagen Sie dieses Experiment nur dann vor, wenn Sie selbst genügend neugierig auf die Ergebnisse sind oder wenn Sie sich sogar selbst beteiligen. Sinnvoll ist es sicher auch nur dann, wenn es den Auftakt bildet für weitere Projekte forschenden Lernens.

Nr. 43
Anerkennung
(nach Weinstein)

Ziele

Oft ist es sinnvoll, Anfang und Ende von Lernprozessen mit Ritualen zu gestalten. Die großen Einschnitte im Lernprozeß werden auf diese Weise betont und die Bedeutung, die die Gesellschaft ihnen beimißt, wird hervorgehoben (Schuleintritt, Schulentlassung). Die wichtigen Abschlüsse und Anfänge während des langen Lernprozesses selbst werden allzu oft informell gehalten. Der einzelne Lernende bleibt auf sich gestellt und wird zu wenig in die auch psychologisch überaus notwendige kollektive Erfahrung einbezogen.
Es ist deshalb sinnvoll, häufiger am Anfang und am Ende von Lerneinheiten geeignete Rituale mit der Gruppe zu praktizieren, die der Bedeutung des Lernprozesses gerecht werden, die Zugehörigkeit des einzelnen betonen und die schwierigen inneren Vorgänge des Anfangens und des Beendens zu erleichtern.
Die hier vorgeschlagene Strategie eignet sich für den Abschluß von Kursen, Arbeitsgemeinschaften und ähnlichen abgrenzbaren Lernphasen. Der positive Fokus hilft, leichter Abschied zu nehmen.

Teilnehmer

ab 14 Jahren

Zeit

ca. 3o Minuten

Anleitung

> Zum Abschluß unserer gemeinsamen Arbeit möchte ich ein Experiment vorschlagen, bei dem wir uns noch einmal darauf konzentrieren können, was für uns positiv war, was unser Lernen begünstigt hat. In einem Rundgang kann jeder ausdrücken, was ihm an dem ganzen Kurs gefallen hat, er kann sich bei dem einen oder anderen Gruppenmitglied für etwas bedanken, was er von diesem an Anregungen oder Unterstützung bekommen hat; er kann uns mitteilen, welche Lernerfahrung für ihn ganz besonders wichtig war, und natürlich kann er auch mitteilen, worauf er selbst stolz ist, was er hier für sich erreicht hat. Ich möchte betonen, daß jeder völlig frei ist sich zu äußern oder einfach zu sagen: „Ich möchte nichts sagen".
> Ich möchte, daß einer freiwillig beginnt und daß dann sein linker Nachbar fortfährt usw...

Erfahrungen
Wichtig ist, daß Sie zuvor der Gruppe Gelegenheit gegeben haben, 'Reste' auszusprechen und zu verarbeiten, wozu vor allem auch die Beschäftigung mit Beanstandungen und angesammeltem Ärger gehört. Der positive Fokus darf nicht als Mäntelchen für übergangene negative Erfahrungen mißbraucht werden.

Nr. 44
Was ich gelernt habe
(nach Howe/Howe)

Ziele
Die Struktur dieses Experiments betont den Wert des einzelnen Gruppenmitgliedes dadurch, daß ihm Zeit eingeräumt wird, über sich zu sprechen. Zum anderen betont es die Wichtigkeit des Lernens und die Fähigkeit des einzelnen, sich etwas Neues anzueignen. So wird den Jugendlichen geholfen, ein positives Selbstkonzept zu entwickeln.

Teilnehmer
ab 14 Jahren

Anleitung
Ich möchte euch in der nächsten Zeit Gelegenheit geben, den anderen davon zu berichten, was ihr in der letzten Zeit Wichtiges gelernt habt. Dabei sollt ihr euch auf einen wichtigen Punkt konzentrieren, der für euch persönlich bedeutsam ist und der auch für die anderen interessant sein könnte. Vor allem denke ich dabei an Dinge, die ihr außerhalb der Schule lernt, zum Beispiel eine neue Sportart, ein Hobby, eine Reise, ein Buch, mit dem ihr euch beschäftigt habt, oder wichtige Erfahrungen, die ihr sonst gemacht habt, zum Beispiel in der Familie, mit Freunden usw. Wichtig ist dabei, daß ihr sagen könnt: „Hier habe ich etwas gelernt, das für mich bedeutsam war, das mir weiterhilft, aus dem ich Konsequenzen ziehe, über das ich zur Zeit noch nachdenke und das ich nicht abgeschlossen habe usw. Wenn ich andere darüber informiere, können sie mich besser verstehen, meine Schwierigkeiten und Probleme, meine Interessen und meine Situation, und vielleicht rege ich sie an, etwas ähnliches zu versuchen oder darüber nachzudenken."
Ich denke, daß in der Woche einmal einer von euch an die Reihe kommen kann. Ihr seid frei, von dieser Möglichkeit Gebrauch zu

machen oder nicht. Ich möchte, daß wir für einen Monat im voraus festlegen, wer diese Gelegenheit wahrnehmen möchte und wieviel Zeit er dafür benötigt.

Es ist zweckmäßig eine zeitliche Obergrenze zu bestimmen je nach Alter der Gruppenmitglieder.

Der Freiwillige soll sich auch Gedanken darüber machen, in welcher Form er die Zeit benutzen will, ob er zum Beispiel ein Referat halten, ob er sich zusätzlich befragen lassen will, ob er Demonstrationsmaterial benutzen möchte usw. Er hat für diese Zeit die Leitung der Gruppe.

Was haltet ihr von dieser Idee?...

Im Anschluß an jede Selbstdarstellung sollte eine kurze Auswertung erfolgen.

Auswertung

- Wie war der Kontakt zwischen dem Freiwilligen und der Gruppe?
- Was habe ich als Freiwilliger profitiert?
- Wie habe ich mich bei der Leitung der Gruppe gefühlt?
- Habe ich Anregungen von dem Freiwilligen bekommen? Welche?
- Was hat mir an seiner Vorgehensweise gefallen? Was hätte ich lieber anders gehabt?
- Habe ich selbst Lust, mich als Freiwilliger zu melden?
- Was möchte ich sonst noch sagen?

Erfahrungen

Diese Serie hilft, das Gruppengefühl zu entwickeln und mehr Respekt voreinander zu bekommen.

Nr. 45
Mein geheimer Kumpel
(nach Howe/Howe)

Ziele

In vielen Klassen gelten Spielregeln aus der Erwachsenenwelt. Die Jugendlichen empfinden einander früh als Konkurrenten um die besseren Noten usw. Die älteren Jugendlichen sehen einander als zukünftige Rivalen im Verteilungskampf von Arbeitsplatz und Verdienstmöglichkeit. Die psychologisch notwendige Bildung von tiefgehenden Freundschaften mit Gleichaltrigen wird dadurch schwieriger, und viele Jugendliche fühlen sich innerlich einsam und liebesbedürftig, auch wenn sie das nur schwer sich selbst,

geschweige denn anderen gegenüber eingestehen.
Dies ist eine einfache und sehr wichtige Strategie, die der Klasse hilft, ein freundlicheres und unterstützenderes Klima zu entwickeln. Der einzelne Jugendliche wird angeregt, bewußt darüber nachzudenken, auf welche Weise er einem anderen Aufmerksamkeit und Freude bereiten kann.

Teilnehmer
ab 12 Jahren

Anleitung

Ich möchte euch ein Experiment vorschlagen, das euch allen helfen kann, daß ihr euch in unserer Klasse akzeptierter und mehr zu Hause fühlen könnt. Jeder Mensch hat das Bedürfnis als Person mit eigenen Gefühlen betrachtet zu werden, und jeder braucht etwas liebevolles Verständnis, um sich sicher fühlen zu können und um Spaß am Lernen zu haben. Wenn wir überwiegend durch 'stark sein' oder zumindest durch ausreichende Verteidigung unsere Sicherheit gewährleisten müssen, dann verbrauchen wir sehr viel Kraft, die uns dann an anderer Stelle fehlt. Um glücklich zu sein, brauchen wir genügend Hinweise, daß wir gemocht und geliebt werden.

Ich vermute, daß ihr oft genug andere Mitglieder der Klasse als Konkurrenten seht und daß ihr häufig vergleicht, wer den anderen übertrifft. Wenn solche Gedanken im Vordergrund eurer Beziehungen stehen, dann muß das sehr anstrengend sein und euch das Gefühl der Einsamkeit vermitteln.

Um einen kleinen Ausgleich zu schaffen, habe ich dieses Experiment ausgewählt, das ich in der nächsten Zeit mit euch erproben möchte.

Ihr werdet nachher ein Los ziehen können mit dem Namen eines anderen Gruppenmitgliedes. Dieser Klassenkamerad wird dann für die nächsten drei Wochen euer 'geheimer Kumpel' sein, d.h. es wird eure Aufgabe sein, ihm mindestens fünfmal eine Freude zu bereiten. Dabei gelten folgende Spielregeln:

1. Ihr dürft euch nicht zu erkennen geben. Sagt niemandem, wen ihr durch euer Los gezogen habt.
2. Ihr entscheidet selbst, auf welche Weise ihr dem Betreffenden eine Freude macht, ob ihr ihn zu euch einladen wollt, ihm eure Hilfe anbietet, ihm eine kleine schriftliche Botschaft schickt oder ihm ein Stück Obst unter den Tisch legt usw. Kein Geschenk darf mehr als eine Mark kosten.
3. Versucht herauszufinden, wie euer Schützling auf eure Freundlichkeit reagiert. Macht euch auch sonst Gedanken, auf welche Wei-

se gerade euer Schützling zu erfreuen ist.

4. Nach drei Wochen setzen wir uns dann wieder zusammen, um die erste Runde auszuwerten. Dann soll jeder erfahren, wer sich um sein Wohlergehen gekümmert hat und wir können auch neu losen, um eine zweite Runde zu beginnen.

Auswertung
(nach drei Wochen)

- Wie sind die Teilnehmer zurechtgekommen, die einen ihnen gut bekannten Klassenkameraden gezogen haben im Vergleich zu denen, die ein eher unbekanntes oder für sie schwieriges Gruppenmitglied erlosten?
- Muß ich jemanden gernhaben, um ihm gelegentlich eine Freude bereiten zu können?
- Habe ich die für mich bestimmten Überraschungen wahrgenommen oder zum Teil übersehen?
- Wie habe ich auf die mir erwiesenen Freundlichkeiten reagiert?
- Was hat mich am meisten gefreut?
- Wie vielfältig waren die freundlichen Gesten, mit denen experimentiert wurde?
- Habe ich irgendwann geahnt, wer mich erlost hat?
- Wie genau sind die Spielregeln eingehalten worden?
- Habe ich etwas Neues über meinen 'geheimen Kumpel' erfahren?
- Habe ich etwas Neues über mich gelernt?
- Wie leicht fällt es mir, ein Geschenk zu machen?
- Wie leicht fällt es mir, ein Geschenk entgegenzunehmen?
- Wie schätze ich die Gruppensituation ein im Blick auf Konkurrenzverhalten?
- Was habe ich in meiner Familie über den Austausch freundlicher Gesten gelernt?
- Was möchte ich sonst noch sagen?

Erfahrungen
Für das Gelingen dieses Experiments ist es außerordentlich wichtig, wie die Gruppe Sie als Leiter wahrnimmt und ob die Jugendlichen hier hier ausgedrückten Überzeugungen mit dem von Ihnen vermittelten und praktizierten Wertsystem verbinden können. In manchen Gruppen ist es sinnvoll, zu Beginn ein Brainstorming zu machen über verschiedene Möglichkeiten, einem anderen Freude zu bereiten, um die Phantasie entsprechend anzuregen.
Diskutieren Sie mit den Jugendlichen, über wie viele Runden das Experiment fortgesetzt werden soll. Eine Runde ist mit Sicherheit zu wenig.

Nr. 46
Wappen
(nach Goodman)

Ziele
Dieses Experiment gibt dem Jugendlichen Gelegenheit, sich mit anderen darüber auszutauschen, wie er seine Stellung in der Klasse sieht, wo er Stärken und Schwächen der Gruppe findet und wie er seine Beziehung zu Ihnen als Lehrer erlebt.

Teilnehmer
ab 14 Jahren

Zeit
ca. 45 Minuten

Material
Zeichenpapier und Wachsmalkreiden

Anleitung

Ich möchte euch Gelegenheit geben, euch einmal mit unserer Klasse zu beschäftigen, mit dem Platz, den ihr hier gefunden habt, mit dem, was ihr hier schätzt bzw. vermißt und auch mit mir als eurem Lehrer.

Ich möchte, daß ihr ein Wappen malt, das ihr in sechs Felder unterteilt. In jedes Feld sollt ihr nachher ein kleines Bild oder ein Symbol malen, das ausdrückt, was ihr über eine bestimmte Frage denkt. Die Fragen, um die es geht, lauten:

Welches Bild oder Symbol zeigt –

1. wie du dich selbst in der Klasse siehst?
2. wie deine Klassenkameraden dich sehen?
3. worin du den größten Vorzug dieser Klasse siehst?
4. worin du die größte Schwäche dieser Klasse siehst?
5. wie der Lehrer dich sieht?
6. wie du den Lehrer siehst?

Schreiben Sie diese Fragen mit der Skizze eines Wappens auf ein großes Plakat. Numerieren Sie die eingezeichneten 6 Felder des Wappens.

Ich möchte betonen, daß es völlig unwichtig ist, wie schön oder zeichnerisch vollkommen eure Bilder sind. Es geht nur darum, daß ihr eure Phantasie und eure Kreativität benutzen könnt, um Antworten auf diese Fragen zu finden. Ich glaube, daß diese Antworten so viel handfester ausfallen, als wenn ihr nur Worte benutzen wür-

det. Entscheidet selbst, welche Form ihr eurem Wappen geben wollt, wie groß es sein soll, welche Farben ihr benutzt und ob ihr ein Bild zeichnet, ein Symbol verwendet oder mehr wie bei einem Cartoon arbeitet.
Habt ihr verstanden, was ich von euch möchte?... Ihr habt 3o Minuten Zeit für eure Aufgabe.
Stoppt nun und sucht euch einen Partner, mit dem ihr euch über euer Wappen austauschen wollt. Ihr habt 1o Minuten Zeit für euer Gespräch...
Nun kommt zum großen Kreis zurück... Ich möchte, daß ihr eure Bilder an die Wand hängt und daß wir uns Zeit nehmen, um von Bild zu Bild zu gehen und zu sehen, was jeder dargestellt hat. Dann wollen wir gemeinsam besprechen, was für euch wichtig ist...

Auswertung
- Wie hat mir das Experiment gefallen?
- Welche Frage war für mich am schwersten zu beantworten?
- Über welchen Teil meines Wappens möchte ich am liebsten sprechen?
- Welcher Teil meines Wappens bringt ein Problem zum Ausdruck, das ich gern lösen möchte?
- Was möchte ich sonst noch sagen?

Erfahrungen
Betonen Sie nachdrücklich, daß dies kein Malwettbewerb ist, weil viele Schüler die Unbefangenheit verloren haben, sich frei im Bild auszudrükken. Malen Sie nach Möglichkeit auch selbst ein Wappen. Sie ermutigen dadurch die Gruppe sehr, auch Probleme anzusprechen. Da verhältnismässig viele Problembereiche angesprochen werden, ist es gut, mit der Klasse gemeinsam zu überprüfen, was Sie in der Sitzung erledigen konnten und ob Sie ggf. offengebliebene Probleme in einer nächsten Sitzung weiterbesprechen wollen.

Nr. 47
Bestandsaufnahme
(nach Read)

Ziele
Diese nützliche diagnostische Strategie kann dem Gruppenleiter helfen, zu Beginn einer Arbeitseinheit, eines Kurses, eines Semesters, wichtige Infor-

mationen der Jugendlichen zu erhalten über ihre Bedürfnisse, Hoffnungen, Erwartungen und Lernziele. Die geistige Selbständigkeit und Lernbereitschaft der Jugendlichen wird angeregt, weil sie über ihre Ziele nachdenken und ihre Wünsche ausdrücken können, wie sie die Ziele erreichen wollen. Es ist einleuchtend, daß Sie als Lehrer anschließend in Verhandlungen mit der Klasse eintreten, um Ihre Möglichkeiten mit den institutionellen Bedingungen und den Wünschen der Jugendlichen zu verbinden.

Teilnehmer
ab 16 Jahren

Zeit
ca. 45 Minuten

Material
Formular 'Bestandsaufnahme'

Anleitung

Ich möchte, daß ihr den kommenden Kurs mitgestaltet. Damit wir gut zusammenarbeiten können, ist es wichtig, daß jeder genügend Verantwortung für die Aufgabe übernimmt. Die Aufgabe ist, daß in diesem Kurs genügend gelernt wird. Meine Verantwortung besteht hauptsächlich darin, euch Hilfestellung beim Lernen zu geben, mit dafür zu sorgen, daß die Klasse als Gruppe funktioniert und Hindernisse für eure Selbständigkeit aus dem Weg zu räumen.

Außerdem gehört zu meiner Verantwortung, die Vorschriften der Institution zur Geltung zu bringen.

Zu eurer Verantwortung gehört, so weit wie möglich Einfluß zu nehmen darauf, was und wie gelernt wird. Dazu gehört auch, dazu beizutragen, daß jeder in der Gruppe sich entfalten und Spaß an der Arbeit haben kann.

Als ersten Beitrag eurer Mitwirkung erbitte ich die Bearbeitung eines Fragebogens, den ich für euch vorbereitet habe. Wir werden ihn anschließend gemeinsam auswerten und besprechen, welche Konsequenzen sich daraus ergeben und was wir praktisch gemeinsam umsetzen können. Ich selbst werde den Fragebogen ebenfalls aus meiner persönlichen Interessenlage ausfüllen.

Frage 3 muß für Sie heißen:'Was erwarte ich von den Schülern?' und Frage 8:'Wie charakterisiere ich meinen Lehrstil?'

Schaut euch den Fragenkatalog an und sagt mir, wieviel Zeit ihr für die Bearbeitung braucht...

Material für die Teilnehmer

Bestandsaufnahme

Die Antworten auf die unten abgedruckten Fragen sollen helfen, die Gestaltung der gemeinsamen Arbeit ebenso stark an den Bedürfnissen der Kursteilnehmer zu orientieren, wie an den durch die Institution vorgegebenen Zielen und den Möglichkeiten und Interessen des Unterrichtenden. Bitte beantworte deshalb die folgenden Fragen möglichst genau:

1. Aus welchen Gründen nimmst Du an diesem Kurs teil?.............
....
....
....
....

2. Welchen Beitrag willst Du selbst dazu leisten?..................
....
....
....
....
....

3. Was erwartest Du von dem Unterrichtenden?......................
....
....
....
....
....

4. Was erwartest Du von Dir selbst?................................
....
....
....
....
....

5. Was erwartest Du von den anderen Teilnehmern?...................
....
....
....
....
....

6. Welche speziellen Interessen, Themen oder Fragestellungen sollen aus Deiner Sicht Bestandteil der gemeinsamen Arbeit sein?...............
....

. . . .

. . . .

. . . .

7. Was möchtest Du auf keinen Fall? . . . .

. . . .

. . . .

. . . .

. . . .

8. Wie charakterisierst Du Deinen eigenen Lernstil: (wie - wo - wann und mit wem lernst Du am besten?). . . . .

. . . .

. . . .

. . . .

. . . .

. . . .

9. Was möchtest Du durch Deine Teilnahme an diesem Kurs für Dich erreichen? . . . .

. . . .

. . . .

. . . .

. . . .

. . . .

. . . .

. . . .

10. Offener Kommentar: . . . .

. . . .

. . . .

. . . .

. . . .

. . . .

. . . .

. . . .

. . . .

. . . .

. . . .

. . . .

. . . .

. . . .

. . . .

. . . .

Auswertung

- Wie hat mir das Experiment gefallen?
- Was sind die Vorteile und Nachteile einer Mitbestimmung der Lernenden im Blick auf einen Kurs?
- Welche Frage war für mich schwer zu beantworten?
- Welche Frage ist für mich am wichtigsten?
- Wie passen die Erwartungen der Mitglieder zueinander?
- Wie passen die Erwartungen der Teilnehmer mit den Anforderungen der Institution und den Möglichkeiten des Unterrichtenden zusammen?
- Welche praktischen Schlußfolgerungen, Spielregeln und Pläne sollen formuliert werden?
- Was möchte ich sonst noch sagen?

Erfahrungen

Vergleichen Sie auf jeden Fall Ihre eigenen Antworten mit denen der Jugendlichen und machen Sie rechtzeitig auch auf die von der Institution vorgegebenen Soll-Werte aufmerksam. Arbeiten Sie mit der Gruppe auf einen realistischen Arbeitskontrakt hin.

Ggf. können Sie in einem Brainstorming Strukturen entwickeln, die den Jugendlichen helfen, ihren Lernstil und ihre Interessen zu berücksichtigen (dazu gehören u.a. Spielregeln, Richtlinien, Zeitgestaltung, Lerngegenstände, Arbeitsformen usw.).

Nr. 48
Ich kann nicht
(nach Castillo)

Ziele

Oft möchten wir etwas verändern, fühlen uns jedoch unfähig, uns entsprechend anders zu verhalten. Aus dieser Sackgasse können wir leichter herauskommen, wenn wir Verantwortung für unser Unvermögen übernehmen und aus dem 'Ich kann nicht' ein 'Ich will nicht' machen. Der entscheidende 'Trick' dabei ist, daß wir uns nicht länger durch eine tatsächliche oder gespielte Ohnmacht lähmen, sondern unser Bewußtsein darauf konzentrieren, daß wir sozusagen Herr unserer Aktionen sind, daß wir es in der Hand haben, zu den verschiedenen Möglichkeiten unseres Verhaltens Ja oder Nein zu sagen.

Auch für Jugendliche kann dies eine wichtige Erkenntnis bedeuten im Blick auf Widerstände beim Lernen gegenüber Autoritäten oder gegenüber den Klassenkameraden. Solange sie glauben, daß es eine rätselhafte innere Macht ist, die sie abhält, Vokabeln zu lernen, pünktlich zum Unterricht zu erscheinen, ihre Meinung zu sagen etc., können sie ihren Widerstand, Rückzug oder ihre Aggression mystifizieren und sich hinter Unwissenheit verschanzen. Sobald sie lernen, Nein zu sagen, kommen sie in Bewegung und werden leichter in der Lage sein, an für sie passenden Stellen auch Ja zu sagen.

Teilnehmer
ab 14 Jahren

Zeit
ca. 5o Minuten

Material
Papier und Bleistift

Anleitung

> Ich möchte mit euch heute an einer sehr schwierigen Frage arbeiten, und ich habe große Zweifel, ob ihr schon alt genug seid, mit dem Problem etwas anzufangen.

Das ist eine paradoxe Gesprächseröffnung, die für etwas geistige Unruhe sorgen wird.

> Wahrscheinlich seid ihr nicht in der Lage, euch in diesem Punkt zu verändern. Ich habe dabei alle die Schwierigkeiten im Auge, denen ihr hilflos gegenübersteht.
> Macht euch zunächst einmal eine Liste einige Schwierigkeiten, mit denen ihr euch herumschlagt, z.B. "Ich muß zu viele Lateinvokabeln lernen" – „Der Kunstunterricht ist blöd." - „Um 8 Uhr in der Klasse zu sitzen, ist eine Qual." usw.
> Ihr habt dafür 1o Minuten Zeit...
> Nun verwandelt alle diese Sätze in 'Ich kann nicht'–Aussagen. Aus „Ich muß zu viele Lateinvokabeln lernen" wird dann „Ich kann nicht so viele Lateinvokabeln lernen" bzw. aus „Der Kunstunterricht ist zu blöd" wird „Ich kann ihn nicht akzeptieren". usw. Habt ihr verstanden, was ich meine?... Ihr habt wieder 1o Minuten Zeit...
> Nun ersetzt in allen Sätzen das 'Ich kann nicht' durch ein 'Ich will nicht' und fügt etwas hinzu, was eurer Abneigung zugrundeliegt oder was ihr befürchtet. Aus dem Satz „Ich kann nicht so viele Lateinvokabeln lernen" wird nun „Ich will nicht so viele Lateinvokabeln lernen". Zugrundeliegen könnte: „Wenn ich mir Mühe gebe und trotzdem nachher nicht genügend behalten habe, dann muß ich an

meiner Begabung zweifeln." Aus dem Satz „Ich kann den Kunstunterricht nicht akzeptieren." wird „Ich will den Kunstunterricht nicht akzeptieren". Zugrundeliegen könnte: „Wenn ich ihn akzeptiere, müßte ich auch anerkennen, daß ich das starke Bedürfnis habe, vom Kunstlehrer anerkannt zu werden; und ich bin mir nicht sicher, ob er mich mag, weil ich kein besonderes Zeichentalent habe." Ihr habt wieder 15 Minuten Zeit...
Stoppt nun und sucht euch einen Partner, mit dem ihr euch austauschen wollt. Ihr habt eine Viertelstunde Zeit für euer Gespräch...
Kommt nun zum großen Kreis zurück, damit wir das Experiment gemeinsam auswerten können...

Auswertung

- Wie hat mir das Experiment gefallen?
- Welcher der drei Schritte war für mich am schwersten?
- Habe ich etwas Neues gelernt?
- Frage ich mich manchmal, welche spezifischen Befürchtungen hinter meinen Ablehnungen stecken?
- Wie leicht kann ich ein klares Nein aussprechen?
- Auf welche Weise bringe ich ein indirektes Nein zum Ausdruck?
- Was ist der Preis, den ich für ein direktes oder indirektes Nein in den verschiedenen Schulbereichen zu zahlen habe?
- Was möchte ich sonst noch sagen?

Erfahrungen

Dieses Experiment ist verhältnismäßig anspruchsvoll. Machen Sie deutlich, daß die Erkenntnis komplizierter innerer Zusammenhänge nicht automatisch dazu führt, daß diese Schwierigkeit aufgelöst wird. Der Vorteil liegt eher darin, daß der einzelne nach neuen und wirksameren Strategien suchen kann, um mit den Schwierigkeiten fertigzuwerden.
Stellen Sie sicher, daß bei der Auswertung im Plenum an genügend vielen Beispielen deutlich wird, worum es geht.

Nr. 49

Gruppe malt Gruppe

(Vopel)

Ziele

Dieses reizvolle Experiment hilft dem einzelnen, besser zu erkennen, wie er selbst von anderen gesehen wird. Gleichzeitig kann sich jeder gründlich darüber Gedanken machen, wie er eine Vielzahl anderer Gruppenmitglieder sieht und was er als ihre spezifischen Charakteristika betrachtet. Auf spielerische Weise werden viele Daten gewonnen, die mehr Transparenz im Blick auf die Gruppensituation ermöglichen und der Klasse helfen, näher 'zusammenzurücken'.

Teilnehmer
ab 14 Jahren

Zeit
ca. 8o Minuten

Material
2 große Packpapierbögen, einige Schachteln Ölkreiden.

Anleitung

Ich möchte euch zu einem Experiment einladen, bei dem jeder die Möglichkeit hat auszudrücken, wie er eine Reihe anderer Teilnehmer sieht. Andererseits erfährt jeder, wie er von anderen gesehen wrid.

Dazu ist es notwendig, daß ihr euch in zwei gleich große Gruppen aufteilt. Ein Teil von euch kann sich am Fenster versammeln, der andere Teil an der Tür...

Schaut euch in eurer Gruppe um... Seid ihr zufrieden mit eurer Mannschaft, oder wollt ihr noch etwas verändern?...

Nun möchte ich euch sagen, was ihr tun sollt. Ich möchte, daß jede Gruppe ein Bild der anderen Gruppe malt. Auf diesem Bild soll jedes Gruppenmitglied dargestellt werden, und zwar auf symbolische Weise. Sucht für jedes Mitglied der anderen Gruppe ein passendes Zeichen, das ihn charakterisiert. Zum Beispiel könntet ihr für einen Schüler, der immer besonders 'tiefschürfende' Beiträge bringt, einen Bohrturm malen; oder einen Schüler, der besonders freiheitsliebend ist, könntet ihr als Adler darstellen. Ihr müßt euch also klarmachen, worin ihr wichtige Merkmale des einzelnen seht und euch dann fragen, wie ihr ihn darstellen wollt.

Es ist eine Teamarbeit, und ihr müßt euch einigen über eure Ideen und darüber, wie ihr sie nachher zu Papier bringt. Macht euch auch Gedanken, wie ihr die einzelnen Symbole anordnen wollt. Auch damit könnt ihr einiges ausdrücken.

Bitte schreibt nichts in euer Bild, damit die andere Gruppe später raten kann, wer wo dargestellt ist.

Habt ihr verstanden, worum es geht?... Ihr habt für eure Aufgabe eine Stunde Zeit...

Stellen Sie sicher, daß die Teilgruppen in getrennten Räumen arbeiten können.

Kommt nun zum Kreis zurück... Ich möchte, daß eine Gruppe ihr Bild auf den Fußboden legt und daß die dargestellten Mitglieder der anderen Gruppe sich um das Bild herumsetzen. Wer eine Vermutung darüber hat, wo er dargestellt ist, kann das mitteilen und vielleicht auch seine Begründung für diese Vermutung äußern. Ich möchte, daß diejenigen, die das Bild gemalt haben, zunächst noch nicht sagen, ob jemand mit seinen Vermutungen richtig liegt. Ihr habt 1o Minuten Zeit, um selbst herauszufinden, wo ihr dargestellt seid... Ich möchte nun, daß die Gruppe, die das Bild gemalt hat, uns ihr Bild erklärt, wer wo dargestellt ist und was sich die Gruppe dabei gedacht hat... (1o Min.)

Wiederholen Sie den Vorgang für die zweite Gruppe und eröffnen Sie dann die Schlußauswertung.

Auswertung

- Wie hat mir das Experiment gefallen?
- Konnte ich mich leicht erkennen?
- Wie hat mich die Gruppe gesehen?
- Welche Eigenschaften hat sie besonders betont?
- Wie reagiere ich gefühlsmäßig auf die Darstellung? Bin ich einverstanden? Bin ich enttäuscht?
- Wie haben wir in den Teilgruppen zusammengearbeitet?
- Wie leicht oder wie schwer war die Aufgabe für uns?
- Wie haben wir uns geeinigt?
- Wie haben wir die Teilaufgaben verteilt?
- Habe ich etwas Neues über mich gelernt?
- Habe ich etwas Neues über einen anderen gelernt?
- Was möchte ich sonst noch sagen?

Erfahrungen

Betonen Sie bei der Aufgabenstellung, daß es nicht darum geht, ein Kunstwerk zu schaffen und daß nicht so sehr die Schönheit der Darstellung beabsichtigt ist, als vielmehr der Gebrauch von Phantasie und die Entwicklung von Ideen.

Nr. 50
Feedogramm
(nach Hawley)

Ziele
Dieses Experiment hilft dem Lehrer, neben dem informellen Feedback (wenn Schüler nicken oder den Kopf schütteln, lächeln, Erstaunen zeigen oder kurze Bemerkungen machen) von Zeit zu Zeit ein formelles Feedback darüber einzuholen, wie die Schüler mit Unterrichtsinhalten und -prozeduren zurechtkommen. Damit die Gruppenmitglieder ernsthaft mit Ihnen kooperieren, ist es erforderlich, daß Sie zu Beginn der nächsten Stunde auf die Mitteilungen der Schüler eingehen und mit ihnen über mögliche Konsequenzen sprechen. Wenden Sie diese Strategie in den letzten fünf Minuten einer Unterrichtsstunde an.

Teilnehmer
ab 12 Jahren

Zeit
ca. 5 Minuten

Material
Papier und Bleistift

Anleitung

> Ich möchte gern, daß ihr die letzten fünf Minuten dieser Stunde dazu benutzt, kurz über ihren Verlauf nachzudenken.
> Ich möchte, daß ihr mir eure Gedanken in einem Telegramm mitteilt, das nicht mehr als 11 Worte enthalten darf. Ich bin an eurem Urteil interessiert, was ihr über die Inhalte denkt, mit denen wir uns beschäftigt haben, wie ihr unsere Arbeitsform empfunden habt, was ihr über das Arbeitstempo denkt, ob es Dinge gibt, die ihr nicht verstanden habt usw. Ich werde eure Mitteilungen aufmerksam studieren, um in der nächsten Stunde mit euch darüber zu sprechen, was wir gemeinsam besser machen können. Ihr könnt eure Telegramme unterzeichnen oder anonym abgeben, ganz wie ihr wollt.
> Bitte beginnt jetzt. Ihr habt 3 Minuten Zeit...

Erfahrungen
Auch diese Strategie wird erst dann wirksam, wenn sie periodisch angewendet wird und wenn das folgende Auswertungsgespräch (am nächsten Tag) benutzt wird, die gemeinsame Arbeit tatsächlich zu verbessern.

Nr. 51
Verantwortlichkeit
(nach Ehrlich)

Ziele
In diesem Experiment können die Schüler klären, wer in ihren Augen mit dafür verantwortlich ist, daß sie in der Schule lernen. Sie können spezifische Aussagen darüber machen, worin sie die eigene Verantwortlichkeit sehen und die anderer Beteiligter, insbesondere die des Lehrers, die der Mitschüler und der Eltern.
Das Experiment hilft den Jugendlichen, bei der wichtigen Aufgabe des Erwachsenwerdens zunehmend mehr Verantwortung für das eigene Verhalten zu übernehmen und eine entsprechende innere Einstellung zu entwikkeln.

Teilnehmer
ab 14 Jahren

Zeit
ca. 3o Minuten

Material
Papier und Bleistift

Anleitung

Ich möchte euch anregen, heute einmal darüber nachzudenken, wer alles dafür verantwortlich ist, daß ihr hier im Unterricht lernt. Ich möchte, daß ihr eure Einschätzung bildlich darstellt, indem ihr einen Kreis malt. Der gesamte Kreis soll die gesamte Verantwortlichkeit für euer Lernen in der Klasse darstellen. Dann fragt euch: „Wieviel von der ganzen Verantwortlichkeit gehört mir? Wieviel gehört dem Lehrer?“ Fragt euch auch, ob noch andere Leute an der Verantwortlichkeit teilhaben, zum Beispiel die Eltern, die Mitschüler usw. Ihr könnt den Kreis dann in unterschiedlich große Tortenstücke aufteilen, die zum Ausdruck bringen, wieviel Verantwortlichkeit euch selbst bzw. den anderen beteiligten Personen zufällt.

Habt ihr verstanden, was ich meine?...

Zeichnen Sie nach Möglichkeit ein entsprechendes Modell an die Tafel und erklären Sie das Konzept dieses Diagramms.

Ihr habt fünf Minuten Zeit für diese Aufgabe...

Nun möchte ich, daß ihr für alle an der Verantwortlichkeit beteiligten Personen möglichst genau aufschreibt, wofür sie im einzel-

nen in euren Augen verantwortlich sind. So könnte einer vielleicht schreiben:„Meine Eltern sind dafür verantwortlich, daß ich während meiner Schulzeit einen Platz habe, an dem ich ungestört arbeiten kann.“ Oder ihr könntet schreiben:„Der Lehrer ist dafür verantwortlich, daß ich die Welt nicht nur mit den Augen meiner Eltern sehe.“ Und einer von euch schreibt vielleicht:„Meine Mitschüler sind dafür verantwortlich, daß ich mich in der Klasse wohlfühle.“ Ihr habt für diesen Teil der Aufgabe 1o Minuten Zeit...
Nun stoppt und kommt in Vierergruppen zusammen. Vergleicht eure Darstellungen und findet heraus, wo es gemeinsame bzw. unterschiedliche Auffassungen gibt. Ihr habt für euer Gespräch eine Viertelstunde Zeit...
Kommt nun zum großen Kreis zurück... Ich möchte, daß jede Gruppe kurz von ihrer Arbeit berichtet...

Auswertung

- Wie hat mir das Experiment gefallen?
- Gehöre ich zu den Teilnehmern, die die eigene Verantwortlichkeit für das Lernen betonen?
- Wofür fällt es mir schwer, Verantwortung zu übernehmen?
- Habe ich anderen Verantwortlichkeiten zugeschoben, die ich nur selbst tragen kann?
- Was möchte ich sonst noch sagen?

Erfahrungen

Es ist wichtig, daß Sie mit den Schülern realistisch klären, wer wofür verantwortlich ist. Außerdem ist es gut, wenn Sie mit der Klasse zu geeigneten Zeitpunkten gemeinsam überprüfen, wie weit jeder seinen spezifischen Verantwortlichkeiten nachkommt.

Nr. 52
Ziele des Lehrens
(nach Hawley/Hawley)

Ziele

Dieses Experiment soll das Verständnis zwischen Lehrer und Schülern vertiefen. Die Schüler können zum Ausdruck bringen, an welchen Zielen der Lehrer seinen Unterricht orientieren soll. Der Lehrer kann deutlich machen, welche Ziele seinen persönlichen Bedürfnissen und seinem Selbstverständnis als Lehrer entsprechen.

Teilnehmer
ab 16 Jahren

Zeit
ca. 4o Minuten

Material
Formular 'Ziele des Lehrens'

Anleitung

Ich möchte gern mit euch darüber sprechen, welche Ziele ich eurer Meinung nach im Unterricht verfolgen sollte bzw. welche Ziele mir persönlich besonders am Herzen liegen. Vielleicht können wir besser miteinander auskommen, wenn jeder vom anderen etwas mehr weiß und wenn jeder versucht, auf einige Wünsche des anderen einzugehen.

Ich habe ein Formular vorbereitet, das ihr in den nächsten 2o Minuten bearbeiten sollt...

Benutzen Sie diese Zeit, um Ihre eigenen wichtigsten Ziele zu bestimmen und sie dann ebenfalls in eine Rangreihe zu bringen. Gleichzeitig können Sie versuchen, die fünf Ziele zu ermitteln, die Ihrer Meinung nach von den Schülern am häufigsten gewünscht werden.

Nun kommt zum Kreis zurück... Ich möchte, daß wir zuerst einen gewissen Überblick bekommen, welche Ziele euch besonders wichtig sind, und daß wir dann eure Ziele mit meinen Zielen vergleichen. Ich möchte, daß zunächst jeder in einem Rundgang mitteilt, welches Ziel er an die Spitze seiner Rangreihe gesetzt hat...

Nun schlage ich vor, daß nacheinander jeder seine fünf ausgewählten Ziele mitteilt und daß wir dabei festhalten, welche Ziele von euch insgesamt wie häufig gewünscht werden.

Lassen Sie eine entsprechende Strichliste anfertigen.

Jetzt möchte ich euch sagen, was ich selbst als meine wichtigsten Ziele betrachte...

Wer von euch hat damit gerechnet, daß meine Ziele so aussehen?...

Besprechen Sie anschließend mit den Schülern, wie beide Seiten es anstellen können, sich auf die besonderen Wünsche des anderen einzustellen.

Auswertung

- Wie hat mir das Experiment gefallen?
- Welche fünf Ziele sind von der ganzen Klasse besonders betont worden?
- Wie weit sind die Ziele der Klasse mit denen des Lehrers zu verein-

Material für die Teilnehmer

Ziele des Lehrens

Die unten abgedruckte Liste enthält verschiedene Ziele, an denen ein Lehrer seinen Unterricht orientiert.

1. *Interesse oder Engagement für das Unterrichtsfach wecken.*
2. *Den Schülern helfen, analytisch denken und komplizierte Aufgaben erledigen zu lernen.*
3. *Den Schülern helfen, persönliche Probleme zu lösen.*
4. *Sicherstellen, daß die Schüler fachspezifische Fertigkeiten erwerben.*
5. *Darauf hinarbeiten, daß die Schüler ein positives Selbstbild entwickeln.*
6. *Auf jeden Schüler individuell eingehen.*
7. *Kreativität der Schüler fördern.*
8. *Dafür sorgen, daß Ruhe und Ordnung in der Klasse herrschen.*
9. *Lernschwierigkeiten einzelner Schüler erkennen und Unterstützung geben.*
10. *Raum geben für Initiative und Verantwortlichkeit der Schüler.*
11. *Die ästhetischen Begabungen der Schüler wecken.*
12. *Den Schülern helfen, eigene Wertvorstellungen zu entwickeln.*
13. *So unterrichten, daß der Lehrer selbst von den Schülern als guter Fachmann geschätzt wird.*
14. *Sich so geben, daß der Lehrer von den Schülern persönlich gemocht wird.*
15. *So auftreten, daß er von den Schülern als Autorität respektiert wird.*

Du kannst drei weitere Ziele, die Dir wichtig erscheinen, hinzufügen:

16. ....
17. ....
18. ....

Nun wähle die fünf Ziele aus, die Du für besonders wichtig hältst und bringe diese fünf in eine Rangreihe, indem Du sie von 1 bis 5 numerierst.

Versetze Dich nun in die Lage des Lehrers und wähle die fünf Ziele aus, von denen Du annimmst, daß sie für ihn besonders wichtig sind. Bringe sie ebenfalls in eine Rangreihe.

baren?

- Wie genau habe ich mich in die Ziele des Lehrers bzw. der Schüler einfühlen können?
- Was können Schüler und Lehrer praktisch tun, um sicherzustellen, daß jeder hinsichtlich der eigenen Ziele einigermaßen zu seinem Recht kommt?
- Was möchte ich sonst noch sagen?

Erfahrungen

Je älter die Schüler sind, desto eher können sie spezifische Verhandlungen über die verschiedenen Zielwünsche führen. Dabei gilt der Grundsatz: Wenn eine Partei sich für ein Ziel einsetzen will, das ihr schwerfällt, dann darf sie erwarten, daß die andere Seite ihr ebenfalls etwas gibt, was ggf. für sie schwierig ist.

Nr. 53
Sicherheit
(Vopel)

Ziele

Diese Strategie gibt den Schülern und Ihnen als Lehrer in wenigen Minuten einen Überblick darüber, wie sicher sich jeder in der Klasse fühlt. Anschließend können Sie mit der Klasse dann klären, was im einzelnen das Empfinden von Sicherheit fördert bzw. das Gefühl der Unsicherheit hervorruft.

Teilnehmer

ab 14 Jahren

Zeit

ca. 5 Minuten

Anleitung

Ich möchte, daß wir gemeinsam herausfinden, wie ihr zum gegenwärtigen Zeitpunkt das Klassenklima erlebt. Dazu schlage ich vor, daß ihr euch gleich die Frage stellt: „Wie sicher fühle ich mich in dieser Runde?"

Fühle ich mich zum Beispiel sicher genug zu sagen, was mir gefällt bzw. was mir nicht gefällt am Verhalten der Mitschüler oder des Lehrers? Fühle ich mich sicher genug, eine Meinung zu vertreten,

die von anderen nicht geteilt wird? Fühle ich mich sicher genug, zu sagen, wenn ich etwas nicht verstanden habe? Fühle ich mich sicher genug, Fehler zu machen? Fühle ich mich sicher genug, Nein zu sagen, wenn ich etwas nicht tun will?
Damit ihr euch auf diese Fragen konzentrieren könnt, schließt bitte die Augen und üerprüft innerlich, in welchem Ausmaß ihr euch hier sicher fühlt. Stellt euch dabei eine Skala von 1 bis 10 vor und findet heraus, welcher Punkt auf dieser Skala eurem Sicherheitsempfinden gegenwärtig entspricht. Dabei soll 10 einer vollkommenen Sicherheit entsprechen und 1 einer großen Unsicherheit. Überlegt, ob einer der Endpunkte eurem Empfinden entspricht bzw. welcher dazwischenliegende Punkt. Wenn ihr euch innerlich klargeworden seid, haltet — immer noch mit geschlossenen Augen — die entsprechende Anzahl von Fingern hoch. Wenn alle ihre Hände erhoben haben, werde ich euch Bescheid geben, damit ihr die Augen wieder öffnen könnt...
Öffnet nun eure Augen und schaut euch an, wie sicher sich jeder einzelne in der Klasse fühlt...
Ich möchte, daß jetzt jeder seine Sicherheitszahl nennt und kurz mitteilt — wenn er dazu bereit ist —, was ihn zu dieser Einschätzung bewogen hat...

Auswertung

- Wie hat mir das Experiment gefallen?
- Wie weit entspricht meine Sicherheitszahl aus diesem Experiment meinem sonstigen Sicherheitsgefühl in der Klasse?
- Was wünsche ich mir, um mich ggf. sicherer fühlen zu können?
- Wessen Einschätzung hat mich überrascht?
- Was kann ich dazu beitragen, daß sich andere sicherer fühlen können?
- Welchen Zusammenhang sehe ich zwischen dem persönlichen Sicherheitsgefühl und dem Lernen?
- Was möchte ich sonst noch sagen?

Erfahrungen

Sie können dieses einfache Experiment auch mit anderen Fragen erproben, die für das Klassenklima von Bedeutung sind, zum Beispiel: Wie weit fühle ich mich akzeptiert? Wie sehr wird hier Kreativität geschätzt? Wie sehr wird hier Initiative anerkannt? Wieviel Einfluß kann ich nehmen?

ARBEIT UND FREIZEIT

Nr. 54

Brief an meinen neuen Chef

(Vopel)

Ziele

In diesem Experiment können sich die Jugendlichen bewußt machen, welche spezifische Tätigkeit sie für die Zukunft reizt, welches fachliche und persönliche Potential sie dafür erworben haben, was sie in Zukunft in diese neue Tätigkeit investieren wollen und was sie sich von dem neuen Vorgesetzten erhoffen bzw. welche Erwartungen sie an die neue Aufgabe haben. Sie können dadurch klarer sehen, welchen Stand sie in ihrer beruflichen Entwicklung erreicht haben, wie sie sich beruflich entwickeln wollen. Der Sache nach bereiten sie sich auf eine Bewerbung und auf ein anspruchsvolles Vorstellungsgespräch vor mit den drei Elementen: Was kann ich? Was will ich bekommen? Was will ich geben?

Teilnehmer

ab 16 Jahren

Zeit

ca. 6o Minuten

Material

Papier und Bleistift

Anleitung

Ich möchte, daß ihr heute einmal eine Bestandsaufnahme eurer bisherigen beruflichen Entwicklung macht und gleichzeitig einen Blick in die Zukunft werft.

Stellt euch vor, daß ihr euch für einen neuen Arbeitsplatz bewerbt und daß ihr dafür einen Brief an den zukünftigen Vorgesetzten schreiben müßt. Euer Brief soll folgende Punkte beinhalten:

1. Eine Beschreibung der Tätigkeit, für die ihr euch bewerbt.
2. Eine Übersicht über die wesentlichen persönlichen und fachlichen Fähigkeiten, die ihr erworben habt, um diese Tätigkeit zu übernehmen.
3. Eine spezifische Darstellung eurer Erwartungen an den Vorgesetzten und eurer Hoffnungen in bezug auf die Tätigkeit.
4. Eine Erklärung, was ihr selbst einzusetzen bereit seid, wofür ihr euch engagieren und was ihr geben wollt.

Schreiben Sie diese vier Punkte für alle sichtbar auf.

Habt ihr verstanden, worin die Aufbabe besteht?... Ihr habt eine

halbe Stunde Zeit, um diesen Brief zu schreiben...
Stoppt und sucht euch nun einen Partner, mit dem ihr euch austauschen wollt...
Lest euch eure Briefe vor und sprecht miteinander darüber, was euch gefällt, was ihr vermißt und was ihr zu beanstanden habt am Bewerbungsbrief eures Partners. Ihr habt 2o Minuten Zeit für euer Gespräch...
Kommt nun zum Kreis zurück... Wer hat Lust, uns seinen Brief an den neuen Chef vorzulesen?...

Auswertung

- Wie hat mir das Experiment gefallen?
- Welcher Teil der Aufgabe fiel mir leicht? Welcher fiel mir schwer?
- Worin unterscheidet sich die gewünschte Tätigkeit von meiner gegenwärtigen?
- Habe ich in Punkt 3 Erwartungen formuliert in bezug auf meine weitere berufliche Entwicklung?
- Habe ich in meinem Brief auch Schwächen oder Defizite angedeutet oder ausgesprochen?
- Bin ich auf 'lebenslanges Lernen' eingestellt?
- Wie leicht fiel es mir, spezifische Stärken zu beschreiben?
- Wie klar sind die Rückmeldungen, die ich von Kollegen und Vorgesetzten zur Zeit über meine beruflichen und persönlichen Stärken und Schwächen erhalte?
- Wie ist mein erstes Bewerbungsgespräch verlaufen?
- Wann werde ich voraussichtlich das nächste Bewerbungsgespräch führen?
- Welcher Brief hat mir besonders gut gefallen?
- Was möchte ich sonst noch sagen?

Erfahrungen

Sie können im Anschluß einige Rollenspiele anregen, in denen jeweils ein Jugendlicher den Bewerber und ein anderer den zukünftigen Chef spielt. Zur Vorbereitung auf das Rollenspiel genügt es, wenn der Chef Branche, Art des Unternehmens und den gewünschten Arbeitsplatz kennt.

Nr. 55
Landschaft meiner Arbeit
(Vopel)

Ziele
In diesem Experiment können sich die Jugendlichen mit Aspekten ihrer Arbeitswelt auseinandersetzen, die für sie entscheidend sind. Die Struktur gibt thematisch viel Freiheit, und die symbolische Form bezieht auch die intuitiv kreativen Möglichkeiten der Jugendlichen ein. Das Experiment eignet sich gut als Ausgangspunkt für spätere detailliertere Beschäftigungen mit Einzelproblemen und Aufgaben aus dem Arbeitsleben.

Teilnehmer
ab 16 Jahren

Zeit
ca. 7o Minuten

Material
Für jeden Teilnehmer einen großen Bogen Papier sowie verschiedene Ölkreiden und Filzschreiber.

Anleitung

Ich möchte euch anregen, aus einigem Abstand die Welt der Arbeit, in der ihr euch bewegt, zu betrachten und eine Karte der Arbeitslandschaft anzufertigen. Holt euch dazu einen großen Bogen Papier und verschiedene Ölkreiden und Filzschreiber.
Landkarten haben verschiedene Aufgaben. Sie zeigen uns, wie wir ein bestimmtes Ziel erreichen können, welche Hindernisse zwischen den Standorten A und B zu überwinden sind. Sie zeigen uns die fruchtbaren und unfruchtbaren Teile des Landes, die Sehenswürdigkeiten und die eher langweiligen Strecken. Vor allem geben sie uns einen Überblick, den wir nie gewinnen können, wenn wir uns selbst mitten in der Landschaft befinden.
In ähnlicher Weise soll euch diese Aufgabe helfen, aus der Vogelperspektive das darzustellen, was ihr in eurer Arbeitsumgebung für wichtig haltet. Wählt selbst den Maßstab, in dem ihr arbeitet und den Ausschnitt. Bestimmt selbst, ob ihr die ganze Organisation darstellen wollt oder nur den Teil, in dem ihr arbeitet. Zeichnet Küsten und Grenzen ein, benennt Berge und Täler, Seen und Flüsse, Wüsten und Dschungel, Städte und Dörfer. So könntet ihr zum Beispiel ein fünfgipfliges Hochgebirge einmalen und dazu schreiben: „Das ist un-

ser Vorstand." Ihr könnt eine Insel malen und dazu schreiben: „Das ist die Ausbildungswerkstatt der Lehrlinge." – „Diese Brücke verbindet unser Werk mit der Zentrale."
Ihr könnt eure Landschaft auch bevölkern mit Tieren, Menschen und Pflanzen und ihr könnt andeuten, wie Wetter und Klima in den einzelnen Teilen beschaffen sind bzw. welche wichtigen Naturereignisse stattgefunden haben oder bevorstehen.
Habt ihr verstanden, was ich meine?...
Stellt auf jeden Fall dar, wo euer eigener Standort in dieser Landschaft ist und wie es in eurer unmittelbaren Umgebung ausschaut.
Ihr habt 3o Minuten Zeit für diese Aufgabe...
Nun setzt euch ruhig vor euer fertiges Bild und betrachtet es. Welchen Eindruck habt ihr von eurer Landschaft? Welches Wort, welcher Satz, welches Symbol drückt für euch das Hauptthema dieses Bildes aus?... (3 Min.)
Jetzt fragt euch, was euch an diesem Bild vor allem freut... (2 Min.)
Was stimmt euch eher unbehaglich?... (2 Min.)
Zum Schluß überlegt, was ihr an dem Bild gern verändern würdet, wenn das möglich wäre... (3 Min.)
Kommt nun zu zweit oder zu dritt zusammen, um euch auszutauschen... Ihr habt 3o Minuten Zeit. Richtet es so ein, daß jeder gleich viel Zeit hat, von sich und seiner Landschaft zu sprechen. Das Ziel eures Gespräches soll sein, daß jeder lernt, sich mitzuteilen und daß ihr einander besser verstehen lernt und die ganz persönliche Art und Weise, wie jeder seine Arbeitsumwelt sieht. Erklärt die wichtigen Punkte eurer Landschaft, was sie für euch bedeuten und welche Gedanken und Empfindungen sie bei euch auslösen... (3o Min.)
Kommt nun zum großen Kreis zurück... Ich möchte, daß jeder zu Beginn kurz mitteilt, was ihm im Moment durch den Kopf geht und in welcher Stimmung er gerade ist...

Auswertung

- Wie hat mir das Experiment gefallen?
- Was war leicht an dieser Aufgabe? Was war schwer?
- Wie habe ich mir bisher eine Übersicht über meine Arbeitsumgebung verschafft?
- Was kann ich tun, um mich noch besser in meiner Arbeitsumgebung zurechtzufinden?
- Was sind wichtige Bedingungen, um mich noch wohler zu fühlen?
- Woher bekomme ich wichtige Informationen?
- Wer liefert mir zum Beispiel Hintergrundinformationen, 'politische' Informationen usw.?

- Welche Überschrift würde ich meiner Landschaft geben?
- Was möchte ich sonst noch sagen?

Erfahrungen

Sie können diese Struktur dadurch bereichern, daß Sie mit der ganzen Gruppe gemeinsam eine Landkarte zeichnen, die einmal zeigt, wie die Organisation vor zehn, zwanzig oder dreißig Jahren aussah bzw. wie die Organisation möglicherweise in zehn, zwanzig oder dreißig Jahren aussehen wird. Auf diese Weise kann das historische Verständnis der Jugendlichen vertieft und das Konzept erlernt werden, daß auch Organisationen eine Lebensgeschichte haben mit Kindheit, Jugend, Erwachsenen- und Greisenalter. So können sie die Organisation besser verstehen, sich einerseits eher mit ihr identifizieren und andererseits auch eine fruchtbare innere Distanz entwickeln, die sie zu einer aktiveren Haltung ermutigt.

Nr. 56

Wozu arbeite ich?

(Vopel)

Ziele

Ziel dieses Experiments ist es, die Jugendlichen mit einem breiten Spektrum seelischer Einstellungen zur Arbeit vertraut zu machen und sie zu der Frage anzuregen: „Was sind die mehr oder weniger geheimen Zwecke, die ich bei meiner Arbeit verfolge?"

Wenn der Jugendliche ein klareres Bewußtsein der eigenen Motive hat, dann kann er besser darüber nachdenken, welche Konsequenzen sich für ihn daraus ergeben, mit welchen Möglichkeiten oder Gefährdungen er rechnen kann. Vor allem gilt auch hier der Grundsatz, daß die seelische Entwicklung flüssiger verläuft, wenn die wichtigen inneren Vorgänge mit dem Bewußtsein verbunden sind. Im Blick auf die Lebenssituation der Jugendlichen kann nicht oft genug betont werden, daß sie selbst mit dem Konzept lebenslangen Lernens vertraut gemacht werden müssen. Nur dann können sie es vermeiden, sich zu früh beruflich so festzulegen, daß sie später aus den eingeschlagenen Sackgassen nicht mehr herauskommen.

Teilnehmer

ab 18 Jahren

Zeit

ca. 1 Stunde

Material für die Teilnehmer

Wozu arbeite ich?

Im folgenden sind einige wichtige Ziele und Zwecke angegeben, die wir mit unserer Arbeit verfolgen können. Lies den Katalog in aller Ruhe durch und versuche Dir klarzumachen, was gemeint ist.

Ich arbeite —

( ) — um den Respekt anderer zu gewinnen. Ich möchte, daß sie meine Tüchtigkeit und meine Arbeitsergebnisse anerkennen.

( ) — um die Bewunderung anderer zu erringen. Ich möchte, daß sich andere über meine Arbeit freuen, staunen und mich 'toll' finden.

( ) — um auf mich stolz sein zu können. Ich möchte sagen können: „Das ist mein Werk. Das habe ich getan."

( ) — um Ärger und Aggression ausdrücken zu können. Wenn ich eine Arbeit beendet habe, will ich sagen können: „Damit bin ich fertig geworden. Diese Schwierigkeit habe ich gemeistert."

( ) — um mich selbst zu bestrafen. Ich sage innerlich zu mir: „Wenn ich hart genug arbeite und mich schinde, dann muß ich mich nicht schuldig fühlen."

( ) — um die Kameradschaft mit den Kollegen zu genießen. Ich komme dann von zu Hause weg und kann unter meinesgleichen sein.

( ) — um mich vor dem unaufhaltsamen Ablauf der Zeit und der Vergänglichkeit zu schützen. Von dieser Arbeit, die ich vollbracht habe, wird man noch lange sprechen. Hier habe ich 'Spuren hinterlassen'.

( ) — um einen bestimmten Lebensstandard zu erreichen. Mit diesem Einkommen kann ich mir bestimmte Dinge leisten, die mir wichtig sind.

( ) — um zu überleben. Ich möchte mit meiner Arbeit sicherstellen, daß ich genug zu essen und ein Dach über dem Kopf habe.

( ) — um einen Sieg zu erringen. Mit meinem Arbeitsergebnis will ich besser dastehen als andere und meine Konkurrenten überflügeln.

( ) *— um mich in eine feste Struktur und vorgegebene Ordnung einzufügen.*
Ohne den festen Rahmen vorgegebener Arbeitsziele und -abläufe würde ich mich unsicher fühlen und hilflos.

( ) *— um meine Neugier und meine Lust an Abwechslung zu befriedigen.*
Mir liegt es, neue Ideen und Projekte anzukurbeln. Sie können dann ruhig von anderen zu Ende geführt werden.

( ) *— um Ruhm zu erringen.*
Ich bin derjenige, der arbeitet und Projekte zu Ende führt. Meine Stärke ist es, die Dinge konstruktiv abzuschließen, auch wenn sie von anderen in Gang gesetzt wurden.

( ) *— um mich zu konzentrieren.*
Wenn ich intensiv arbeite und meinen Geist anstrenge, kann ich mich gegen störende und unangenehme Gefühle abschirmen, vor allem auch gegen Kummer und Leid.

( ) *— um mich geborgen zu fühlen.*
Ich habe es gern, wenn anerkannte Autoritäten mir sagen, was ich zu tun habe. Ich übernehme ungern die volle Verantwortung für eine selbstgestellte Aufgabe.

( ) *— um Macht zu haben.*
Ich will anderen sagen, was sie zu tun haben und kontrollieren, wie sie die Dinge erledigen.

Nun kreuze die Punkte an, die auf Dich mehr oder weniger zutreffen...
Wenn Du das getan hast, bringe die angekreuzten Punkte in eine Rangreihe. Gib der inneren Einstellung, die Dein Verhalten am meisten bestimmt, die Nummer 1, der nächsten die Nummer 2 usw...
Jetzt laß Dir zu den fünf wichtigsten Einstellungen eine Situation einfallen, in der diese betreffende innere Einstellung Dein Verhalten bestimmt hat. Beschreibe sie stichwortartig.

1.. . . . .
2.. . . . .
3.. . . . .
4.. . . . .
5.. . . . .

Nun schau Dir Deine Liste noch einmal an und stelle Dir die folgenden Fragen:
Welche der von Dir angekreuzten inneren Einstellungen möchtest Du beibehalten, verstärken oder abschwächen bzw. aufgeben?
Gibt es in der Liste andere Einstellungen, die Du gern erlernen möchtest?

Material
Formular 'Wozu arbeite ich?'

Anleitung

Ich möchte, daß ihr euch heute einmal Gedanken darüber macht, aus welchen Gründen ihr arbeitet und welche seelischen Ziele ihr dabei verfolgt. Oft wollen wir mit der Arbeit etwas erreichen, das von der Arbeit selbst her nicht erforderlich ist. Wenn ich mir klarmachen kann, worauf es mir ankommt, kann ich überprüfen, ob ich an der richtigen Stelle bin, um mein Ziel möglichst weitgehend zu erreichen. Jemand, der in seinem Berufsleben zum Beispiel sehr viel Macht erreichen und ein einflußreicher Manager werden will, muß dafür sorgen, daß er rechtzeitig in einem Teil der Organisation arbeitet, der besonders einflußreich und angesehen ist.
Daneben hilft es mir, wenn ich meine inneren Antriebe kenne, bestimmten Einseitigkeiten und Gefahren besser zu begegnen, die sich daraus ergeben könnten. Wenn ich zum Beispiel weiß, daß es mir wichtig ist, durch meine Arbeit Bewunderung zu erlangen, dann kann ich mir auch sagen, daß ich mich dadurch stark von der Reaktion anderer abhängig mache. Und vielleicht kann ich mir die Zuneigung, um die es mir im Grunde geht, besser bei Freunden holen als bei den Kollegen am Arbeitsplatz.
Habt ihr verstanden, was ich meine?...
Ich habe ein Formular vorbereitet, das ihr jetzt bearbeiten sollt. Ihr habt dafür 3o Minuten Zeit...
Kommt nun zurück und bildet Vierergruppen... Sprecht miteinander über eure Notizen, wie eure Rangreihen aussehen und welche Überlegungen ihr angestellt habt. Ihr habt für euren Austausch noch einmal 3o Minuten Zeit...
Ich möchte, daß jeder zu Beginn unserer gemeinsamen Auswertung in einem Rundgang mitteilt, was zur Zeit seine wichtigste innere Einstellung zur Arbeit ist...

Auswertung

- Wie hat mir das Experiment gefallen?
- Gibt es Punkte aus dem Arbeitsbogen, die ich nicht verstanden habe?
- Habe ich etwas Neues gelernt?
- Wie war der Austausch in der Kleingruppe?
- Was wären die drei wichtigsten inneren Einstellungen, die mein Vater (meine Mutter, mein Chef) angekreuzt hätte?
- Wie zufrieden bin ich mit den mir bewußten inneren Einstellungen

zur Arbeit?

- Worauf will ich in Zukunft achten?
- Will ich irgend etwas anders machen?
- Was möchte ich sonst noch sagen?

Erfahrungen

Prüfen Sie sorgfältig, ob Sie Ihre Gruppe mit diesem anspruchsvollen Experiment konfrontieren können.

Nr. 57

Arbeitsklima

(nach Bolles)

Ziele

Unser Wohlbefinden bei der Arbeit hängt zu einem wesentlichen Teil davon ab, wie wir unsere Kollegen und Vorgesetzten erleben, wie wir auf ihre Verhaltensweisen und Einstellungen reagieren. Meistens fühlen wir uns wohl, wenn die Leute in unserer Umgebung uns in den Dingen ähnlich sind, die wir an uns selbst schätzen bzw. wenn sie unsere geistig-seelische Ausstattung ergänzen.

Das Experiment soll den Jugendlichen helfen, Persönlichkeitsmerkmale anderer zu identifizieren, durch die sie sich in ihrer Arbeit behindert fühlen. Sie sollen angeregt werden, darüber nachzudenken, wie sie mit schwierigen Kollegen auskommen können. Im Blick auf die Zukunft können sie den Schritt vom Negativen zum Positiven machen und sich darauf konzentrieren, welche Charakteristika Kollegen haben müssen, deren Gegenwart sie anregt.

Sie sollen auf diese Weise ermutigt werden, nicht über unangenehme Kollegen zu klagen, sondern sich einen Arbeitsplatz zu suchen, wo das Klima 'stimmt'.

Teilnehmer

ab 16 Jahren

Zeit

75 Minuten

Material

Formular 'Arbeitsklima'

Material für die Teilnehmer

Arbeitsklima

Der folgende Katalog stellt Verhaltensweisen, die von vielen Leuten als unangenehm empfunden werden, solchen gegenüber, die in der Regel positiv bewertet werden.
Lies zunächst die Gegensatzpaare durch und bemerke dabei, wann in der rechten Tabelle nicht der formale Gegensatz auftaucht, sondern eine inhaltlich sinnvolle Alternative.

Was mir bei Kollegen und Vorgesetzten —

— nicht gefällt	*— gefällt*
manipulativ	*direkt und aufrichtig*
langweilig	*anregend*
Drückeberger	*Leute, die mit zupacken*
immer bierernst	*manchmal humorvoll*
ist missionarisch stur	*akzeptiert unterschiedliche Standpunkte*
inkompetent	*kompetent*
unzuverlässig	*zuverlässig*
rigide	*flexibel*
stark wettbewerbsorientiert	*kooperativ unterstützend*
zu ängstlich, um selbst etwas auszuprobieren	*mutig genug, um zu versuchen, selbständig vorzugehen*
zwanghaft	*geht kalkulierbare Risiken ein*
unsensibel, plump und grob	*schätzt Gefühle und Phantasie*
überkritisch	*bestärkt andere*
leicht manipulierbar	*weiß, was er will und denkt über sich selbst nach*
bewirkt nichts	*tüchtig*
arbeitet 'wie ein Pferd'	*nimmt sich Zeit zum Nachdenken*
spielt den Überlegenen	*ist solidarisch*
lacht mich aus	*lacht zusammen mit mir*
Schwätzer	*kann etwas für sich behalten*
spricht dauernd von sich	*hört wenigstens die Hälfte der Zeit anderen zu*
fanatisch	*vernünftig*
Pessimist	*Realist*
arbeitet chronisch langsam	*arbeitet in angemessenem Tempo*
oberflächlich	*ernsthaft*

autoritär, zeigt Stärke nur Schwächeren gegenüber	*setzt sich auch mit Stärkeren auseinander*
kümmert sich nicht um seine Gesundheit	*respektiert die Bedürfnisse seines Körpers*
weiß alles besser	*ist neugierig und wissensdurstig*
unentschieden	*entscheidungsfreudig*
hängt die Fahne nach dem Wind	*steht zu dem, was er denkt und fühlt*
stur	*aufgeschlossen*
Disziplinlosigkeit	*Selbstbeherrschung*
feindselig	*rücksichtsvoll*
schweigsam und verschlossen	*offen und klar*
jammernd und voller Selbstmitleid	*zuversichtlich*
verführerisch	*sieht den anderen als Person*
forciert Entscheidungen und engt andere ein	*gesteht anderen eigenes Tempo und Entfaltungsspielraum zu*
willkürlich	*fair*
sentimental	*einfühlsam*
arrogant	*bescheiden*
devot und beflissen	*selbstsicher*
chronisch voller Ärger	*innerlich ausgeglichen*
mißtrauisch	*vertrauensvoll*
mürrisch	*glücklich*
läßt andere stolpern	*hilfsbereit*
unordentlich	*ordentlich, aber nicht pedantisch*
macht viele Worte	*kommt zum 'Punkt'*
perfektionistisch, gesteht sich und anderen keine Fehler zu	*gibt sich und anderen das Recht zum Irrtum, lernt aus Fehlern*
. . . .	. . . .
. . . .	. . . .
. . . .	. . . .
. . . .	. . . .
. . . .	. . . .
. . . .	. . . .
. . . .	. . . .

Ergänze die Liste mit Eigenschaften, die Dir hier fehlen...

Wähle dann aus der linken Liste die zehn Punkte aus, die für Dich das Arbeitsklima am stärksten belasten, wenn Vorgesetzte und Kollegen sich in dieser Weise verhalten.
Schreibe nun diese 1o Punkte auf:

Was mich bei Kollegen und Vorgesetzten —

am meisten stört *am meisten anspricht*

1 ....

2 ....

3 ....

4 ....

5 ....

6 ....

7 ....

8 ....

9 ....

10 ....

Oft stören uns Verhaltensweisen an anderen, die wir auch selbst haben und an uns nicht mögen. Kannst Du bei Deinen zehn wichtigsten Punkten links auch einige Verhaltensweisen entdecken, die Dich an Dir selbst stören? Welche sind das:

....

....

....

Welche der zehn positiven Verhaltensweisen zeichnen Dich selbst besonders aus?

....

....

....

Anleitung

Ich möchte, daß ihr euch heute einmal Gedanken darüber macht, wie ihr mit schwierigen Kollegen und Vorgesetzten zurechtkommen könnt. Dabei sollt ihr euch zunächst überlegen, welche Verhaltensweisen und Eigenschaften anderer für euch besonders unangenehm sind.

Dafür habe ich ein Formular vorbereitet, das ihr bearbeiten sollt. Ihr habt dafür 3o Minuten Zeit...

Kommt nun in Vierergruppen zusammen und informiert euch zunächst darüber, wie eure Zehner-Auswahl aussieht. Diskutiert dann die folgenden Fragen:

1. Wie kann ich mich ändern, bzw. was kann ich tun, daß ich mit den schwierigen Verhaltensweisen anderer besser zurechtkomme?
2. Was kann ich tun, damit andere ihre schwierigen Verhaltensweisen teilweise aufgeben können?
3. Wie kann ich es erreichen, daß ich einen Arbeitsplatz finde, an dem möglichst viele Kollegen und Vorgesetzte meiner Positiv-Liste entsprechen?

Notieren Sie diese Fragen für alle sichtbar.

Ihr habt 45 Minuten Zeit für euer Gespräch...

Lassen Sie im Anschluß die Gruppen berichten, was sie zu den drei Punkten herausgefunden haben.

Auswertung

- Wie hat mir das Experiment gefallen?
- Habe ich etwas Neues über mich erfahren?
- Wie weit bin ich dazu in der Lage, den Schwächen anderer gegenüber tolerant zu sein?
- Wie weit neige ich dazu, die Schwächen anderer als Entschuldigung für eigene Schwierigkeiten zu benutzen?
- Ist meine derzeitige Umgebung am Arbeitsplatz für meine eigene Weiterentwicklung förderlich?
- Wie weit neige ich dazu, eine ungünstige Umgebung passiv zu ertragen?
- Was kann ich tun, um die mir bewußten eigenen Schwächen abzubauen?
- Was kann ich tun, um meine mir bewußten Stärken weiterzuentwickeln?
- Welche Ideen habe ich darüber, wie alle Mitarbeiter an meinem Arbeitsplatz ihre positiven Charakteristika weiterentwickeln können?
- Was möchte ich sonst noch sagen?

Erfahrungen

Wenn sich die Jugendlichen durch die unangenehmen und schwierigen Charakteristika bei sich und den Kollegen sehr bedrückt zeigen, kann folgendes helfen: Lassen Sie die kleinen Gruppen einen Sketch vorbereiten, in dem vier Personen auftreten. Jede soll eine der als besonders unangenehm empfundenen Eigenschaften in übertriebener Weise zum Ausdruck bringen. Der Sinn der Identifikation mit den unangenehmen Eigenschaften anderer ist folgendermaßen zu beschreiben: Ich gewinne einen neuen erlegnisbezogenen Gesichtspunkt für die störende Eigenschaft; ich kann ggf. entdecken, daß ich diese Eigenschaft ebenfalls in mir habe; ich kann das Positive in der negativen Eigenschaft entdecken (in der Faulheit zum Beispiel das Erholungsbedürfnis), und ich kann auf diese Weise toleranter reagieren.

Nr. 58
Drei Perspektiven
(Vopel)

Ziele

Ein einfaches und zugleich brauchbares Persönlichkeitsmodell geht davon aus, daß wir aus drei unterschiedlich funktionierenden Systemen bestehen, nämlich aus Kopf, Herz und Körper. Diese drei Systeme sind im Bewußtsein mehr oder weniger miteinander verbunden und arbeiten mehr oder weniger zusammen bzw. gegeneinander. Viele Lebenssituationen erfordern, daß jeweils eins der Systeme im Vordergrund steht. Wenn wir arbeiten, dominiert der Kopf, wenn wir einen anderen Menschen lieben, wird das Herz dominieren usw.

Eine Balance zwischen den einzelnen Systemen in dem Sinne, daß jedes genügend häufig im Vordergrund steht, ist eine schwer zu erreichende Aufgabe für jeden von uns.

In diesem Experiment sollen sich die Jugendlichen bewußt machen, welche Bedeutung jedes der drei Systeme in ihrer täglichen Arbeit hat und wie ihre Tätigkeit aus der Perspektive jedes der drei Systeme erlebt und beurteilt wird.

Teilnehmer

ab 16 Jahren

Zeit

ca. 1 Stunde

Material
Für jeden Teilnehmer einen großen Bogen Packpapier, Filzschreiber oder verschiedene Ölkreiden.

Anleitung

Ich möchte euch heute auffordern, auf ungewöhnliche Art und Weise über eure Arbeit nachzudenken. Üblicherweise benutzen wir den Kopf, wenn wir uns mit einem Problem auseinandersetzen. Hier möchte ich ausdrücklich, daß ihr auch euer Herz als den symbolischen Sitz der Gefühle einbezieht und euren Körper als Grundlage der Lebendigkeit.

Nehmt euch jeder einen großen Bogen Packpapier, Ökreiden oder Filzschreiber und verteilt euch im Raum...

Ich möchte, daß ihr zunächst euch selbst möglichst groß auf das Papier malt und zwar von vorn gesehen. Benutzt verschiedene Farben. Berücksichtigt alle wichtigen Elemente des Körpers und deutet die besonderen Charakteristika eures Körpers an. Es kommt nicht auf die Schönheit des Bildes an. Wichtig ist, daß ihr euch beim Zeichnen mit euch selbst beschäftigt und sozusagen einen Doppelgänger von euch entstehen laßt. Ihr habt 15 Minuten Zeit dafür...

Nun zeichnet bitte in euer Bild groß und deutlich euer Herz ein und schreibt an eine passende Stelle auf das Papier euren Namen, das Datum des heutigen Tages und das Thema des Bildes: „Was Kopf, Herz und Körper zu meiner Arbeit sagen".

Nehmt einen feinen Filzschreiber und setzt euch vor euer Bild. Beginnt mit einem der drei angesprochenen Teile eurer Person und identifiziert euch mit diesem Teil. Wenn ihr zum Beispiel zunächst das Herz auswählt, dann sagt zu euch selbst: „Ich bin Mirjams Herz. Ich will jetzt sagen, was ich fühle, wenn Mirjam arbeitet. Wenn sie morgens zur Arbeit geht, bin ich unruhig und aufgeregt. Ich weiß nicht, ob es wieder einen Zusammenstoß mit dem Vorgesetzten gibt. Ich möchte, daß der Vorgesetzte einmal an die Zeit zurückdenkt, als er selbst ein Lehrling war. Oft fühle ich mich einsam und manchmal merkt Mirjam gar nicht, daß ich noch da bin..." Schreibt dann die wichtigen Kommentare des Herzens auf euer Bild.

Identifiziert euch nacheinander mit den drei Teilen eurer Person, mit dem Kopf, mit dem Herzen und mit dem Körper und notiert, was jeder von ihnen über eure Arbeit bemerkt, über sie denkt und fühlt. Stellt euch vor, daß jeder Teil ein eigenes Bewußtsein, eine eigene Stimme, eigene Gedanken und Gefühle hat. Nehmt euch eine halbe Stunde Zeit dafür...

Sucht euch nun ein anderes Gruppenmitglied aus, mit dem ihr über

euer Bild sprechen möchtet... Setzt euch zusammen und tauscht euch aus. Ihr habt 2o Minuten Zeit...
Kommt nun zum großen Kreis zurück... Ich möchte, daß zunächst jeder in einem Rundgang mitteilt, was ihn im Augenblick beschäftigt bzw. welche Stimmung er bei sich bemerkt und wie sich sein Körper fühlt...

Auswertung

- Wie hat mir das Experiment gefallen?
- Wie leicht fiel es mir, mich mit den einzelnen Teilen meiner Person zu identifizieren?
- Welcher Teil meiner Person hat am meisten über die Arbeit gesagt?
- Welcher Teil meiner Person dominiert bei der Arbeit?
- Wie weit achte ich bei der Arbeit darauf, was mein Herz dazu zu sagen hat?
- Wie weit berücksichtige ich bei der Arbeit die Stimme meines Körpers?
- Was ist die wichtigste Forderung, die mein Kopf (bzw. Herz und Körper) in bezug auf meine gegenwärtige Tätigkeit hat?
- In welchen Situationen während meiner Arbeit erlebe ich, daß die drei Teile meiner Person relativ harmonisch zusammenwirken?
- In welchen Situationen während meiner täglichen Arbeit erlebe ich die stärksten Spannungen zwischen diesen drei Teilen meiner Person?
- In welchen Situationen meines Alltags dominiert mein Herz?
- Wann steht mein Körper im Vordergrund?
- Was möchte ich sonst noch sagen?

Erfahrungen

Besonders schön ist es, wenn sich jeder Teilnehmer entsprechend seiner Körpergröße die benötigte Papierbahn von einer breiten Rolle abschneiden kann.
Fragen Sie die Jugendlichen zu Beginn der Auswertung im Plenum, ob sie bereit sind, ihre Bilder an die Wände des Raumes zu hängen. Geben Sie in diesem Fall noch Zeit, daß sich die Gruppenmitglieder die Bilder der anderen ansehen können.

Nr. 59
Erfolg und Mißerfolg
(Vopel)

Ziele
Das Experiment gibt den Jugendlichen Gelegenheit, eine klar abgrenzbare Zeit ihres Arbeitslebens zu betrachten und sich bewußt zu machen, wo Höhepunkt bzw. Tiefpunkte ihrer Erfolgskurve lagen. Gleichzeitig ist dies eine gute Aktivität, um die Mitglieder einer Gruppe miteinander bekannt und vertraut zu machen.

Teilnehmer
ab 16 Jahren

Zeit
ca. 4o Minuten

Anleitung

Zu Beginn unserer Arbeit möchte ich euch Gelegenheit geben, einander kennenzulernen und gleichzeitig über ein Thema nachzudenken, das uns alle im Arbeitsleben immer wieder beschäftigt. Im ersten Teil dieses kleinen Experimentes könnt ihr 2o Minuten lang mit einem anderen Gruppenmitglied sprechen. Schaut euch zunächst um und findet heraus, auf wen ihr neugierig seid und fragt den Betreffenden dann, ob er bereit ist, mit euch zu sprechen...

Ich bitte die Paare jetzt, sich im Raum zu verteilen und so Platz zu nehmen, daß sie sich nicht gegenseitig behindern...

Ich will euch nun das Thema nennen, über das ihr sprechen sollt. Beantwortet bitte die Frage: „Was war im letzten Jahr mein größter beruflicher Erfolg, und was war mein größter beruflicher Mißerfolg?" Ungefähr 1o Minuten lang soll der eine von euch darüber sprechen und die näheren Umstände seines Erfolges und seines Mißerfolges schildern, was sich ereignet hat, was er getan hat, wie er sich dabei fühlte, welche Konsequenzen sich für ihn ergaben usw. Der Partner soll zuhören und fragen, wenn er etwas nicht verstanden hat. Gleichzeitig kann es gut sein, wenn er einige Notizen macht. Ihr sollt nämlich später einen Teil der Informationen in geeigneter Weise auch den anderen in der Gruppe berichten, nämlich all das, was euer Taktgefühl für mitteilbar hält. Nach 1o Minuten sollt ihr die Rollen wechseln, so daß der andere von sich berichten kann.

Habt ihr verstanden, wie das geht?... Dann beginnt jetzt... (2o Min.)

Kommt nun zum Kreis zurück... Ich möchte, daß wir jetzt mit dem zweiten Teil des Experiments beginnen. Nacheinander soll jeder der Gruppe den Partner vorstellen und zwei bis drei Minuten lang berichten, was er von ihm gehört hat. Haltet eure Vorstellung so, daß ihr euren Partner nicht bloßlegt. Anschließend hat der Vorgestellte Gelegenheit, Ergänzungen vorzunehmen oder Irrtümer aufzuklären. Dann kann ein anderer seinen Partner vorstellen usw...
Nachdem wir nun von jedem etwas gehört haben, ist Gelegenheit für einen kleinen Austausch. Ist euch irgend etwas aufgefallen? Gibt es Gemeinsamkeiten? Habt ihr Fragen? Wie fühlt ihr euch jetzt?...

Erfahrungen
Dies ist ein ausgezeichnetes Anwärmexperiment für alle Seminare, die sich Problemen der Arbeitswelt zuwenden.

Nr. 60
Veränderungswünsche
(Vopel)

Ziele
Mit Hilfe der hier vorgeschlagenen Struktur können die Jugendlichen herausfinden, was sie im Blick auf ihre wichtigsten Interessenlagen im Arbeitsleben stört bzw. was sie vermissen. Anschließend können sie ihre 'Beschwerden' in Wünsche und Forderungen umwandeln, um schließlich daran zu arbeiten, auf welche Weise sie einige ihrer Forderungen verwirklichen können. Wichtig dabei ist, daß die Jugendlichen lernen, ein breites Spektrum besonders wichtiger Kriterien zu benutzen, um immer wieder zu fragen:„Bekomme ich in meiner Arbeit das, was ich will? Geht es mir gut?"
Darüberhinaus sollen sie rechtzeitig lernen, aus ihren frustrierenden Erfahrungen positive Forderungen abzuleiten und spezifische Vorgehensweisen zu entwickeln, um ihre Forderungen angemessen zu vertreten und sie so weit wie möglich zu realisieren.

Teilnehmer
ab 16 Jahren

Zeit
ca. 1 1/2 Stunden

Material für die Teilnehmer

Veränderungswünsche

Dieser Arbeitsbogen soll dir helfen, eine Bestandsaufnahme dessen zu machen, was Dich bei der Arbeit frustriert. Dann will er Dich anregen, die Forderungen zu entdecken, die in den Enttäuschungen und Ärgernissen stecken. Er basiert auf dem Grundsatz: Sage nicht nur, was Dich ärgert, sondern füge hinzu, was Du forderst.

Bei meiner gegenwärtigen Arbeit bin ich unzufrieden bzw. vermisse ich im Blick auf –

1. meine Vorgesetzten:
a). . . . .
b) . . . .
c). . . . .
2. meine Kollegen:
a). . . . .
b) . . . .
c). . . . .
3. die technisch-räumlichen Arbeitsbedingungen:
a). . . . .
b) . . . .
c). . . . .
4. die Zeitgestaltung:
a). . . . .
b) . . . .
c). . . . .
5. die Organisation:
a). . . . .
b) . . . .
c). . . . .
6. das Entgelt:
a). . . . .
b) . . . .
c). . . . .
7. die Art und Weise, wie ich als Person behandelt werde:
a). . . . .
b) . . . .
c). . . . .

8. die Art und Weise, wie ich gefördert werde:
a). ....
b) ....
c). ....
9. meine Aufgaben:
a). ....
b) ....
c). ....
10. folgende Probleme:
a). ....
....
b) ....
....
c). ....
....

Bitte notiere spezifisch bei den einzelnen Punkten, was Dich stört und was Du vermißt.
Wenn Du das getan hast, wähle von jedem der zehn Punkte Deine wichtigste Beschwerde und trage sie in die nachfolgende Tabelle ein. Formuliere dann positiv, was Du wünschst und was Du forderst.

Beschwerde	*Forderung*
1.Beispiel: Ich werde zu stark gegängelt.	Ich will, daß mein Chef mir die Richtung sagt, daß ich aber teilweise selbst Entscheidungen treffen kann.
1..	....
....	....
2..	....
....	....
3	....
....	....
4	....
....	....
5	....
....	....
6	....
....	....
7	....
....	....

8	....
....	....
9	....
....	....
10	....
....	....

Nun überlege, wie Du vorgehen kannst, um einige Deiner Veränderungswünsche zu realisieren. Wähle dafür ein oder zwei Forderungen aus und plane spezifische Schritte, wie Du mit den wichtigen Bezugspersonen verhandeln willst.

1. Forderung:

....

....

....

....

....

....

2. Forderung:

....

....

....

....

....

....

....

Anleitung

Ich möchte euch heute einladen, einmal über einige eurer Frustrationen nachzudenken, die ihr im Arbeitsalltag erlebt. Wenn Menschen zusammen arbeiten, ist es unausweichlich, daß immer wieder Störungen und Konflikte auftreten, daß wir nicht das bekommen, was wir beanspruchen, daß wir nicht so behandelt werden, wie wir es uns wünschen, daß unsere Aufgaben uns nicht zufriedenstellen usw.

Entscheidend ist, was wir mit diesen Frustrationen machen. Wir können sie verdrängen und so tun, als ob sie nicht da wären. Wir können mit Unbeteiligten darüber sprechen und uns beklagen. Doch diese klassischen Manöver helfen uns nicht weiter. Nützlich ist es dagegen, wenn wir uns auf die Forderungen konzentrieren, die wir aus unserem Ärger und unserer Enttäuschung ableiten können und wenn wir sie an der richtigen Stelle anmelden und darüber zu verhandeln beginnen.

Ich habe ein Formular für euch vorbereitet, das ihr bearbeiten sollt. Ihr habt dafür 3o Minuten Zeit...

Nun kommt in Vierergruppen zusammen... Informiert euch über eure Notizen. Konzentriert euch dann vor allem auf den letzten Schritt der Aufgabe, wie ihr mit den entscheidenden Personen über eure Forderungen verhandeln könnt. Diskutiert Vor- und Nachteile unterschiedlicher Vorgehensweisen und berücksichtigt dabei auch die Position eures Verhandlungspartners. Was sind seine Interessen? Was sind seine persönlichen Empfindlichkeiten? Welchen Handlungsspielraum hat er? Überlegt auch, was ihr ihm dafür geben könnt, wenn er eure Forderung berücksichtigen will. Ihr habt für euer Gespräch eine Stunde Zeit...

Schreiben Sie die Diskussionspunkte für alle sichtbar auf. Machen Sie anschließend eine Pause, ehe Sie mit der Auswertung beginnen.

Auswertung

- Wie hat mir das Experiment gefallen?
- Wie häufig melde ich im Arbeitsalltag Wünsche und Forderungen an?
- Welche Erfahrungen habe ich dabei gemacht?
- Wie ist mein persönlicher Stil, wenn ich Forderungen stelle?
- Wie weit beziehe ich die Interessen des anderen in meine Verhandlungen ein?
- Gibt es in meiner Umgebung ein Vorbild, von dem ich die Kunst des Verhandelns lernen kann?
- Was möchte ich sonst noch sagen?

Erfahrungen

Die Struktur des Experiments wird wesentlich bereichert, wenn Sie in der Auswertungsphase einige kurze Rollenspiele anregen, in denen die Kunst des Verhandelns eingeübt werden kann.

Nr. 61
Arbeit und Liebe
(nach Rohlich)

Ziele

Das anspruchsvolle Experiment richtet das Bewußtsein der Jugendlichen auf die Spannung zwischen beruflicher und privater Existenz, genauer gesagt, zwischen Arbeit und Liebe. Es soll ihnen helfen, eine breitere Perspektive für das eigene Leben zu entwickeln und die spezifischen Charakteristika dieser beiden Möglichkeiten der Selbstverwirklichung klarer zu erkennen.

Unglücklicherweise neigen wir oft dazu, Arbeit und Liebe miteinander zu verwechseln. Im schlimmsten Falle werden wir arbeitssüchtig und lieben die Arbeit mehr als die Menschen, denen wir nahe sein könnten, und wir gestalten Liebesbeziehungen nach Arbeitsgesichtspunkten, indem wir dort Herrschaft und Kontrolle anstreben. Es liegt auf der Hand, daß eine solche Fehlentwicklung von uns selbst teuer bezahlt wird und daß zugleich die Menschen, mit denen wir in Arbeit und Liebe zusammenkommen, ebenfalls in ihren spezifischen Ansprüchen betrogen werden.

Die Jugendlichen sollen durch dieses Experiment rechtzeitig dafür sensibilisiert werden, Arbeit und Liebe nicht miteinander zu vermischen. Es soll ihnen geschlechtsspezifische Tendenzen im Verhältnis zwischen Arbeit und Liebe verdeutlichen und sie zu einer verantwortlichen und bewußten eigenen Balance zwischen diesen beiden wichtigsten Formen unserer Selbstverwirklichung ermutigen.

Teilnehmer

ab 18 Jahren

Zeit

ca. 2 Stunden

Material

Papier und Bleistift

Anleitung

Ich möchte euch heute einladen, mit mir über die beiden wichtigsten Erfahrungsbereiche nachzudenken, mit denen wir im Leben konfrontiert werden. Auf der einen Seite steht für mich die Arbeit. Wie kaum etwas anderes sagt sie, wer wir sind und definiert damit unsere Persönlichkeit. Auf der anderen Seite steht für mich die Liebe. Sie ermöglicht uns zeitweilig, die Grenzen unserer Persönlichkeit aufzulösen, uns mit anderen zu vereinen und glücklich zu sein.

Es gibt eine ganze Reihe weiterer Charakteristika, in denen sich Arbeit und Liebe unterscheiden. Damit wir diese Eigenschaften einigermaßen klar herausarbeiten können, möchte ich zu Beginn erklären, was ich mit diesen beiden Begriffen meine.

Wenn wir an die Arbeit denken, schlage ich vor, daß wir uns an der Arbeit eines Zimmermanns orientieren, weil bei dieser handwerklichen Tätigkeit die wichtigsten Merkmale besonders klar hervortreten.

Wenn wir an Liebe denken, schlage ich vor, daß wir an die Beziehung zwischen Mann und Frau denken bzw. an die Beziehung zwischen engen Freunden, die zueinander gefunden haben, weil sie sich in der Gegenwart des anderen glücklich und bereichert fühlen.

Sammeln Sie zunächst mit der Gruppe Charakteristika der Arbeit, dann Charakteristika der Liebe. Machen Sie zwei lange Listen an der Tafel. Versuchen Sie dann, eine idealtypische Gegenüberstellung mit der Gruppe zu entwickeln, wobei die Polarität zwischen Arbeit und Liebe etwa in folgender Form zum Ausdruck kommen soll:

Liebe	Arbeit
Vereinigung	Grenzen
Sinne	Intellekt
Freiheit	Struktur und Ordnung
Gegenwart	Zukunft
Sexualität	Aggression
Veränderung des Selbst	Veränderung des Objekts
mit dem anderen sein	gegen den Widerstand des Materials vorgehen
Empathie	Planung
Vergnügen	Befriedigung
Rezeptivität	Aktivität
Prozeß	Produkt
Begeisterung	Sorge
Qualität	Quantität
Unterwerfung	Herrschaft und Meisterschaft

Die Polaritäten dieser Liste sind zu Ihrer persönlichen Orientierung gedacht und müssen nicht alle in der Polaritätenliste der Jugendlichen enthalten sein. Es ist auch nicht notwendig, das gesamte Material der Jugendlichen in der Polaritätenliste unterzubringen.
Helfen Sie den Jugendlichen auf jeden Fall, daß sie wirkliche Polaritäten einander gegenüberstellen und daß sie vor allem die spezifischen Eigenheiten beider Daseinsbereiche nicht vermischen.
Der Zweck des Polaritätenprofils ist es, daß die Jugendlichen ein präziseres Bild von den inneren Einstellungen und seelischen Handlungen in den beiden Daseinsbereichen gewinnen. Die Gruppe ist dann vorbereitet, daß Sie dazu übergehen können, bestimmte existentielle Positionen im Spannungsfeld Arbeit und Liebe zu beleuichten. Malen Sie dazu das folgende Koordinatensystem auf, wobei die Achsen gleich lang sein müssen.

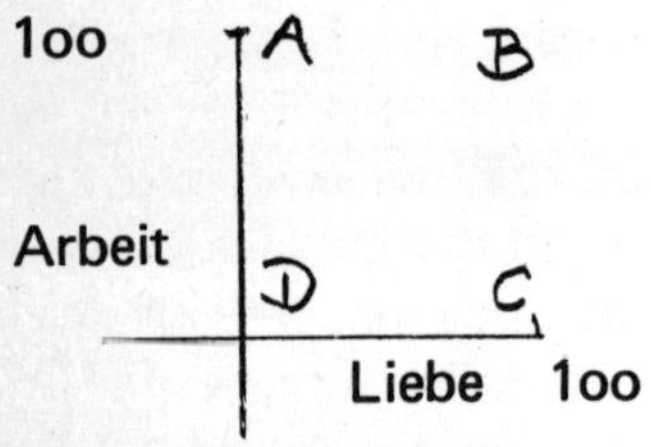

Position A zeigt den Arbeitssüchtigen, der nur liebt, was er kontrollieren kann und der die Risiken einer liebevollen Beziehung scheut, insbesondere den Rückzug oder Verlust des geliebten anderen. Position D entspricht einem Menschen, der sich weder in der Arbeit noch in der Liebe verwirklichen kann. Position C nimmt ein Mensch ein, der vor allem in der Liebe seine Erfüllung sucht, und Position B zeigt die schwer zu erreichende Balance zwischen anspruchsvoller Arbeit und erfüllter Liebe.
Erklären Sie der Gruppe dieses Schema und fordern Sie die Jugendlichen dann auf, auf einem eigenen Koordinatensystem die Position einzutragen, die ihrer gegenwärtigen Lebenssituation entspricht. Lassen Sie als nächstes die gewünschte Position eintragen, die die Jugendlichen in zehn und in zwanzig Jahren einnehmen möchten. Alle drei Positionen sollten datiert sein.

> Kommt nun in Vierergruppen zusammen und tauscht euch aus. Legt euch dabei folgende Fragen vor:
> 1. Wie zufrieden bin ich mit dem Platz, den Arbeit und Liebe zur Zeit in meinem Leben einnehmen?
> 2. Welches Vorbild haben mir meine Eltern gegeben?
> 3. Möchte ich in nächster Zeit etwas verändern?
> Ihr habt 3o Minuten Zeit für euer Gespräch...
> Kommt nun zum Kreis zurück, um das Experiment auszuwerten...

Auswertung

- Wie hat mir das Experiment gefallen?
- Was hat bisher meine Auffassung von Liebe und Arbeit geprägt?
- Was habe ich zu Hause über Liebe und Arbeit gelernt?
- Kenne ich einen Menschen, der beide Daseinsbereiche für mich vorbildlich verbindet?
- Habe ich etwas Neues über mich erfahren?
- Was möchte ich sonst noch sagen?

Erfahrungen

Erproben Sie dieses Experiment nur mit einer Gruppe, die Sie gut kennen und in der eine vertrauensvolle Atmosphäre vorhanden ist. Eine weitere wichtige Voraussetzung ist, daß Sie selbst innerlich genügend mit dieser Thematik vertraut sind und keine Scheu haben, hier und da auch von sich zu sprechen.

Sie können die Auswertung dadurch bereichern, daß Sie auf den Lebenszyklus hinweisen. In ihren zwanziger und dreißiger Jahren ist für Männer in unserer Kultur eher die Position A in mehr oder weniger ausgeprägter Form typisch. Die Lebenskrise zwischen 38 und 43 Jahren führt sie dann eher in Richtung Position B oder C. Frauen in unserer Kultur nehmen in ihren zwanziger und dreißiger Jahren oft die Position C ein, um dann in der Lebensmitte eher Position A oder B anzustreben.

Nr. 62

Zeiteinteilung

(Vopel)

Ziele

Das Experiment konfrontiert die Jugendlichen mit der Art und Weise, wie sie ihre Zeit verbringen und hilft ihnen, eine reflektiertere Einstellung zur Zeit einzunehmen.

Teilnehmer

ab 16 Jahren

Zeit

ca. 5o Minuten

Material

Formular 'Zeiteinteilung'

Material für die Teilnehmer

Zeiteinteilung

Das folgende Diagramm stellt den Zeitraum einer Woche dar. Wenn Du diese Zeit gleichmäßig aufteilen würdest auf Lernen, Arbeit, Freizeit, Liebe und Freundschaft und lebenserhaltene Aktivitäten (Essen, Trinken, Schlafen etc.), dann würde sich folgende Aufteilung ergeben:

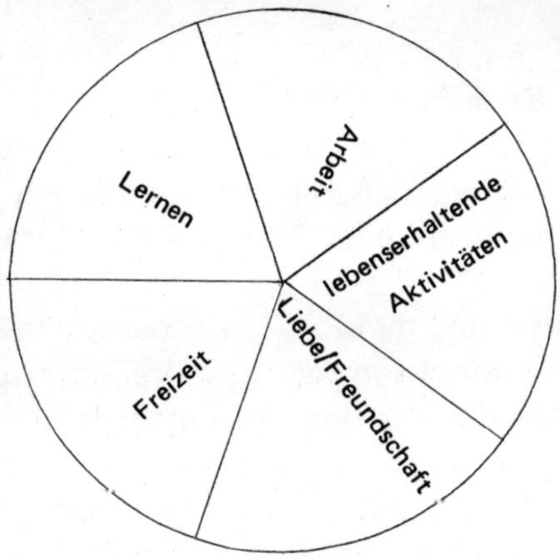

Beschreibe zunächst in Stichworten, was Du in den einzelnen Bereichen tust:

Lernen. . . . .

. . . .

Arbeit . . . .

. . . .

Liebe und Freundschaft . . . .

. . . .

Freizeit . . . .

. . . .

lebenserhaltende Aktivitäten. . . . .

. . . .

Wieviele Stunden einer durchschnittlichen Woche, die aus 168 Stunden besteht, verwendest Du für die einzelnen Bereiche? Schreibe die geschätzte Stundenzahl jeweils dahinter:

Lernen =	*Stunden*
Arbeit =	*Stunden*
Liebe und Freundschaft =	*Stunden*
lebenserhaltende Aktivitäten =	*Stunden*
= 168	*Stunden*

Trage Deine wöchentliche Zeitverteilung in den leeren Kreis ein...
Betrachte jetzt in Ruhe das Diagramm, das Du gezeichnet hast. Bist Du zufrieden mit der Art und Weise, wie Du Deine Zeit aufteilst? Wofür möchtest Du gern mehr Zeit haben? Wofür möchtest Du gern weniger Zeit aufwenden? Was kannst Du praktisch tun, um ggf. eine Veränderung vorzunehmen?

Anleitung

Ich möchte, daß ihr heute einmal überprüft, wie ihr eure Zeit gestaltet. Dafür habe ich ein Formular vorbereitet, das ihr bearbeiten sollt. Ihr habt 2o Minuten Zeit dafür...
Kommt nun in Vierergruppen zusammen, um euch auszutauschen.
Für euer Gespräch habt ihr 3o Minuten Zeit...
Kommt zum großen Kreis zur Schlußauswertung zurück...

Auswertung

- Wie hat mir das Experiment gefallen?
- Wofür möchte ich mehr Zeit haben?
- Wie kann ich das erreichen?
- Wofür möchte ich weniger Zeit aufwenden?
- Wie kann ich das erreichen?
- Welche Schwierigkeiten muß ich überwinden, um meine Zeit so zu gestalten, wie es meiner Entwicklung und meinen Wünschen entspricht?
- Wieviel Zeit 'verbummle' ich?
- Gönne ich mir in meiner Freizeit genügend Muße, oder muß ich immer aktiv sein?
- Was möchte ich sonst noch sagen?

Nr. 63
Gestaltung der Freizeit
(nach Bolles)

Ziele

Das Experiment hilft den Teilnehmer, eine Übersicht über ihre Freizeit zu gewinnen und sich klarzumachen, was sie für sich allein tun bzw. mit anderen und welche ihrer Freizeitaktivitäten einen eher betrachtenden-rezeptiven bzw. aktiv-produzierenden Charakter haben. Die Jugendlichen können auf diese Weise besser beurteilen, ob die verschiedenen Möglichkeiten, ihre Freizeit zu genießen, in einem ausgewogenen Verhältnis zueinander stehen.

Teilnehmer

ab 16 Jahren

Zeit

ca. 45 Minuten

Material

Papier und Bleistift

Anleitung

Ich möchte euch vorschlagen, einmal die verschiedenen Dinge, die ihr in der Freizeit tut, zu betrachten und nach vier Gesichtspunkten zu sortieren.

Malen Sie folgendes Koordinatenkreuz an die Tafel:

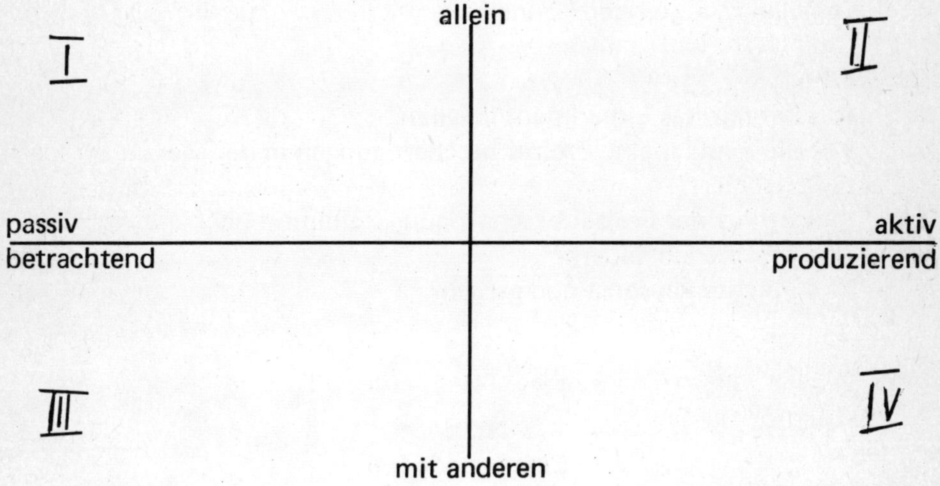

Übertragt dieses Koordinatenkreuz auf ein Blatt Papier...

Die beiden oberen Quadranten sollen alle Freizeitbeschäftigungen enthalten, die ihr für euch allein tut. In die unteren Quadranten gehören alle Beschäftigungen, die ihr gemeinsam mit anderen tut. Zusätzlich gehören in die Quadranten auf der linken Seite Freizeitbeschäftigungen, die ein in erster Linie passiv-betrachtenden Charakter haben, während die Quadranten auf der rechten Seite alle Freizeitbeschäftigungen aufnehmen sollen, die einen eher aktiv-produzierenden Charakter haben. Wenn ich zum Beispiel in einer Mannschaft Volleyball spiele, dann gehört diese Beschäftigung in den Quadranten IV. Wenn ich allein auf einem See surfe, gehört diese Beschäftigung in den Quadranten II. Wenn ich allein Musik höre, schreibe ich das in den Quadranten I. Und wenn ich mit einem Freund in eine Gemäldeausstellung gehe, gehört das in den Quadranten III.

Habt ihr verstanden, worum es geht?...

Ich möchte nun, daß ihr alle eure Freizeitbeschäftigungen in die vier Quadranten einsortiert. Ihr habt 15 Minuten Zeit dafür...

Nun zählt die einzelnen Beschäftigungen in jedem Quadranten und schreibt die Zahl daneben...
Kommt nun in Vierergruppen zusammen und tauscht euch darüber aus, was ihr notiert habt. Stellt euch dann die folgenden Fragen:
1. Wie zufrieden bin ich mit der Verteilung meiner Beschäftigungen in den vier Quadranten?
2. Was sind die Vor- und Nachteile meiner spezifischen Verteilung?
Ihr habt für euer Gespräch 3o Minuten Zeit...
Kommt nun zum großen Kreis zurück, damit wir das Experiment gemeinsam auswerten können...

Auswertung

- Wie hat mir das Experiment gefallen?
- Wie weit sind meine Freizeitbeschäftigungen in den vier Quadranten ausbalanciert?
- Welche Art der Freizeitbeschäftigung dominiert bei mir?
- Was möchte ich ändern?
- Was möchte ich sonst noch sagen?

Nr. 64
Eine Stunde frei
(nach Ehrlich)

Ziele

In diesem Realexperiment können die Jugendlichen einmal überprüfen, wie sie freie Zeit, die ihnen überraschend eingeräumt wird, selbst gestalten.

Teilnehmer

ab 16 Jahren

Zeit

ca. 1 Stunde

Anleitung

Ich möchte euch ein Geschenk machen und euch eine Stunde Freizeit geben. Seid bitte in genau 6o Minuten wieder hier im Raum, damit wir dann zusammen arbeiten können...

Lassen Sie sich auf keine Diskussionen ein, sondern verlassen Sie den Gruppenraum. Nach einer Stunde:

Ich möchte, daß wir nun gemeinsam auswerten, was sich für euch ereignet hat, wie ihr auf meine Ankündigung reagiert und was ihr mit der freien Zeit angefangen habt...

Auswertung

- Habe ich mich über die Ankündigung des Gruppenleiters gefreut?
- War ich enttäuscht oder verärgert, weil ich mich plötzlich alleingelassen fühlte, weil es keine Struktur gab oder weil ich selbst entscheiden mußte?
- Wie habe ich herausgefunden, was ich wollte?
- Habe ich die Zeit allein verbracht? Freiwillig oder unfreiwillig?
- Habe ich mich anderen angeschlossen und ihnen die Initiative überlassen?
- Habe ich die Initiative ergriffen und etwas 'organisiert'?
- Was habe ich gemacht?
- Habe ich die Zeit genießen können?
- Habe ich die Zeit auf eine für mich charakteristische Weise verbracht, oder habe ich etwas Neues probiert?
- Was habe ich von meinen Eltern gelernt, wie 'man' Freizeit verbringt?
- Wieviel Freizeit habe ich sonst, und was fange ich mit ihr an?
- Habe ich oft auf die Uhr gesehen in dieser Stunde?
- Habe ich die Zeit vergessen?
- Wenn ich zu spät zur Gruppe zurückgekommen bin: Kann ich mir das verzeihen?
- Was möchte ich sonst noch sagen?

Erfahrungen

Rechnen Sie damit, daß eine Reihe der Jugendlichen nicht zur verabredeten Zeit zurückkommt, sondern später eintrifft. Einige können auf diese Weise ihren Ärger darüber ausdrücken, daß Sie die Gruppe einem 'ungewissen Schicksal' überlassen haben. Andere (hoffentlich viele!) haben intuitiv den Sinn der Sache erfaßt und Zeit und Stunde vergessen.

Gleichwohl sollten Sie selbst pünktlich wieder im Gruppenraum sein, damit die gewissenhaften Gruppenmitglieder sich von Ihnen nicht auf den Arm genommen fühlen. Spielen Sie für sich und die bereits Anwesenden zum Trost etwas Musik!

Nr. 65

Ferien mit der Gruppe

(Encountertradition)

Ziele

Dieses Experiment spricht die Phantasie der Jugendlichen an und ermutigt sie, Kontakt zu ihren verborgenen Wünschen und Sehnsüchten herzustellen.

Teilnehmer

ab 16 Jahren

Zeit

2o bis 3o Minuten.

Anleitung

Ich möchte euch zu einem Experiment einladen, das ihr wahrscheinlich sehr genießen werdet und in dem ihr eure Phantasie ausdrücken und eure Wünsche wie im Märchen erfüllen lassen könnt.

Legt euch wie die Speichen eines Rades auf den Boden, die Köpfe zur Mitte, mit dem Rücken nach unten...

Schließt jetzt die Augen und konzentriert euch auf euren Körper... Wendet eure Aufmerksamkeit nach innen und findet heraus, was in eurem Körper geschieht... Ist eure Lage ganz bequem?... Versucht, eine noch bequemere Position einzunehmen...

Fühlt ihr euch entspannt?... Wenn irgendein Teil eures Körpers doch noch verspannt ist, dann versucht loszulassen... Wenn euch das nicht gelingt, spannt ihn ganz bewußt kräftig an – und dann laßt los. Wiederholt das einige Male...

Nun achtet auf euren Atem... Wie atmet ihr?... Empfindet, wie die Luft durch die Nase oder den Mund einströmt... Fühlt, wie sie durch den Hals in die Brust und in den Bauch flutet...

Nun stellt euch vor, daß der Atem kommt und geht wie sanfte Wellen am Ufer des Meeres und daß mit jedem Atemzug etwas von der Spannung aus eurem Körper geht... Bemerkt, wie ihr euch mehr und mehr entspannt...

Ich möchte euch nun zu einer Reise einladen. Stellt euch vor, wir machen gemeinsam Ferien und zwar gelten für uns in diesen Ferien nicht die normalen Naturgesetze von Zeit und Raum. Wir können in Sekundenschnelle große Entfernungen zurücklegen; wir können in die Vergangenheit oder Zukunft reisen, was immer wir wollen. Es ist alles möglich, was sonst nicht möglich ist. Wichtig ist, daß wir unsere freie Zeit, unsere Ferien, alle genießen können und daß wir zusammenbleiben. Wer immer eine Idee hat, was er gerade mit der Gruppe tun möchte, kann das sagen. Unsere Ideen und Wünsche werden zusammenfließen und sich ergänzen, so daß wir eine wunderschöne Zeit erleben werden. Ich selbst werde beginnen.

Ich lade euch ein, euch auf meinen großen fliegenden Teppich zu setzen und mit mir in die Luft zusteigen... Ich möchte mit euch eine kleine unbewohnte Insel in der Südsee aufsuchen... Wir stehen unter den schattenspendenden Palmen im weichen, weißen Südseesand, und ich reiche jedem von euch eine Schale mit frischem Kokosnußsaft...

Lassen Sie die Gruppe weiterphantasieren und sorgen Sie ggf. durch eigene Beiträge dafür, daß die Gruppe auf dieser imaginären Reise beisammen bleibt. Teilnehmer, die stumm bleiben und auch von anderen nicht einbezogen werden, können Sie integrieren, indem Sie im Rahmen der Phantasie etwas gemeinsam mit ihnen tun, sich etwas von ihnen wünschen, ihnen etwas geben etc.

Wenn Sie merken, daß die Gruppe ermüdet, leiten Sie die Rückreise ein:

Unsere Ferienzeit geht dem Ende entgegen, und ich möchte mit euch hierher zurückkehren... Ich setze euch wieder auf meinen fliegenden Teppich und steige in die Luft mit euch... Wir fliegen hierher zurück. Über unserem Haus drehen wir noch eine kleine Extrarunde... Langsam senkt sich der Teppich, und wir sind alle wieder hier in unserem Raum versammelt...

Ihr habt noch eine Minute Zeit, um euch darauf einzustellen und mit eurem Bewußtsein wieder in die Alltagswelt zurückzukehren, in der die Gesetze von Zeit und Raum volle Gültigkeit haben... Öffnet nun eure Augen, setzt euch aufrecht hin und schaut euch im Gruppenraum um...

Wie hat euch unsere gemeinsame Freizeit gefallen?...

Erfahrungen

Das Experiment setzt voraus, daß die Jugendlichen miteinander und mit Ihnen gut vertraut sind. Es eignet sich vor allem für eine Abendsitzung. Die Auswertung sollte nur kurz sein, damit der 'Freizeit-Effekt' nicht durch die Arbeit der Auswertung wieder aufgehoben wird.

ISKO-PRESS 1985 BUCHKATALOG

Liebe Kollegen, Klienten, Leser,

zuallererst wollen wir allen, die geduldig oder ungeduldig auf die im letzten Herbst angekündigten Bücher gewartet haben, danken. Inzwischen liegen die beiden Bände zur „Anfangsphase" vor, geschrieben für jene Gruppenleiter, die auf der Suche nach unbekannten und reizvollen Eröffnungsexperimenten sind. Außerdem haben wir das Buch zu „Störungen, Blockaden, Krisen" fertiggestellt. Jetzt wissen wir, warum es zu diesem heißen Thema nichts Vergleichbares gibt. Und wer die Theorie über die suggestive Kraft von Themen kennt, weiß es auch.

In allen Büchern können Sie neue Akzente entdecken, neue Konzepte, neue Ideen. Beibehalten haben wir unsere Absicht, möglichst praktische Theorien in Lernstrategien umzusetzen.

Die neuen Titel haben wir hoffentlich nicht nur unserer persönlichen Vorliebe entsprechend ausgewählt. Gleichwohl wollen wir einige Empfehlungen aussprechen.

Shulamit Arnons Buch „Zwischen Tradition und Wagnis. Frauen aus Israel erzählen" sollte nicht von Männern gelesen werden, die am Mythos vom schwächeren Geschlecht festhalten wollen. Demgegenüber kann das Buch „Blau ist der Himmel. Vom Malstil des Kindes zwischen 6 und 9" von Claire Unna von allen gelesen werden. In erster Linie von Eltern, die den Wunsch haben, daß ihre Kinder die Lust am Malen und Zeichnen behalten. Und natürlich von allen, die beruflich mit Kindern arbeiten.

Schließlich sollte Eric Marcus' Buch „Die Logik des Unlogischen" nur von denjenigen erworben werden, die entweder kluge Bücher verschenken oder darauf aus sind, ihr bewährtes therapeutisches Vorgehen mit subtilen Strategien zu ergänzen, zum Beispiel zu Paradoxien und Absurditäten.

Für ein neues Projekt kommt von uns die Bitte um Mitarbeit. Unser Interesse gilt zur Zeit in besonderem Maße den Mitbürgern zwischen 60 und 80 Jahren. Wir glauben, daß wir dieser Generation mehr Aufmerksamkeit und Verständnis schulden. Wer also in Gruppen mit „Senioren" arbeitet, wird von uns gebeten, uns an seinen Erfahrungen zu beteiligen. Vielleicht kommt ein anregender Sammelband zustande (Korrespondenzpartner und Redakteur ist Renate Vopel). Außerdem wird 1985 ein anspruchsvolles Übungs- und Selbsthilfeprogramm für Senioren herausgegeben werden, das ihnen hilft, durch Gruppenarbeit ihre Isolationn aufzugeben und Zugang zu ihrer natürlichen körperlichen und seelischen Vitalität zu finden.

Klaus und Renate Vopel

Shulamit Arnon (Hg)

ZWISCHEN TRADITION UND WAGNIS

Frauen aus Israel erzählen

ISBN 3-921648-60-2 124 Seiten DM 19,50

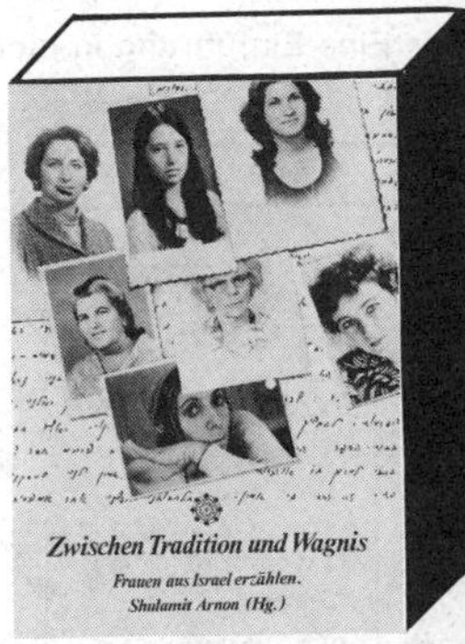

Mit 22 Frauen hat die Journalistin Shulamit Arnon gesprochen, von der 18jährigen, im Lande geborenen Soldatin Maja bis hin zur 81jährigen Netti, die in den zwanziger Jahren aus Königsberg einwanderte. – Es sind aufregende und sehr lebendige Lebensläufe, die den Leser tief berühren.
Sh. Arnon schreibt in ihrem Vorwort: „Ich habe Frauen ausgewählt, die aus ihrer sehr unterschiedlichen Lebenserfahrung heraus etwas zu sagen hatten. Die meisten von ihnen habe ich vorher gekannt. Daß sie so offen mit mir sprachen, ist nicht mein Verdienst, unsere Frauen sind offener als europäische Frauen und gern bereit, über sich zu sprechen. Ich wollte mit einer Frau sprechen, die religiös ist, mit einer andern, die sich von der Religion losgesagt hat. Ich wollte mit einer Frau sprechen, die im Kibbuz gelebt hat, und mit einer anderen, die sich mit Politik beschäftigt. Ich habe Orientalinnen gefragt und eine Neueinwanderin aus der UdSSR. Dabei habe ich die Frauen frei reden und erzählen lassen und nur selten mit Fragen nachgeholfen. – Es ist ein farbiges Bild aus einer farbenfrohen, problematischen Gesellschaft. Da ist keine Langeweile, aber auch keine Nabelschau und keine Flucht ins Private. Jede Frau ist auf irgendeine Art mit allem verbunden, gehört dazu, auch wenn sie es nicht wahrhaben will, und meistens ist sie trotz Sorgen immer noch optimistisch."

Claire Unna

BLAU IST DER HIMMEL

Vom Malstil des Kindes zwischen 6 und 9

ISBN 3-921648-59-9 120 Seiten DM 19,50

Warum ist der Himmel immer blau? Warum hat jeder Baum einen braunen Stamm? Warum sind Häuser manchmal durchsichtig?
All diesen Fragen geht Claire Unna auf den Grund und zeigt in ihrem durch viele Beispiele sehr anschaulichen Buch, wie das Kind von den ersten Kritzeleien über abstrakte Form- und Farbspiele auf dem Papier zu einer figürlichen Darstellungsweise gelangt. Dabei folgt das Kind bestimmten Gesetzen und Regeln, die dem Erwachsenen oft nicht von vornherein verständlich sind.
Das Buch regt Eltern, Lehrer und Erzieher an, diesen Malstil des Kindes zu respektieren und zu würdigen. Nur wenn wir auf kritische Bemerkungen und auf wohlgemeinte „Verbesserungen" verzichten und stattdessen dem Kind zu verstehen geben, daß wir seine darstellerische Absicht verstanden haben und schätzen, kann es seine bildnerische Kompetenz erleben und in seinem eigenen Reifungsprozeß erweitern. Kinder, deren Malstil verstanden wurde, werden vermutlich auch später in ihrem Leben gern und schöpferisch zeichnen und malen.

Heidemaria Böschemeyer und Klaus Vopel

KINDERGEBURTSTAG

Spiele ohne Verlierer

ISBN 3-921648-49-1 48 Seiten DM 12,–

Für viele Eltern wirft die Geburtstagsfeier eines Kindes alljährlich die Frage auf, wie sie dazu beitragen können, daß sich das Geburtstagskind und die Gäste wirklich vergnügen und etwas erleben, das über den normalen Alltag hinausgeht. Für alle Eltern, die die üblichen Gewinnspiele langweilig finden, haben wir hier eine Sammlung von reizvollen Kinderspielen zusammengetragen und zum Teil neu entwickelt. Dabei war uns wichtig, Spiele auszuwählen, die das soziale Interesse der Kinder ebenso berücksichtigen wie ihre Neugier und Kreativität. Es sind Spiele ohne Verlierer für Kinder zwischen 6 und 12 Jahren.

Eine Einführung in nicht-lineare Kommunikation für Berater und Psychotherapeuten:

Eric Marcus

DIE LOGIK DES UNLOGISCHEN

aus dem Amerikanischen übersetzt von Dr. Hartwig Eckert

ISBN 3-921648-60-0 DM 21,50

„Ich freue mich, hier Eric Marcus' neue Schrift vorstellen zu können. Aus zwei Gründen: Seine Darstellung hypnotischer, paradoxer und strategischer Interventionen dient der Verbreitung von psychotherapeutischen Anschauungen, die der große Milton Erickson in unvergleichlicher Weise geprägt hat.
Zugleich demonstriert die „Logik des Unlogischen" den geistigen Weg eines Mannes, der als medizinisch orientierter Psychiater begann, Analytiker wurde, dann Gestalttherapeut, um schließlich die Kunst hypnotischer Arbeit zu erlernen und weiterzugeben. Ein solcher Weg erfordert Neugier, Mut und ein tiefes Zutrauen zur Weisheit des eigenen Unbewußten.
In seinem Buch beschreibt Marcus zunächst die philosophische Basis seiner Vorgehensweise, ehe er u.a. die technischen Prozeduren des „neurolinguistischen Programmierens" (NLP) erklärt und mit vielen Fallbeispielen anschaulich macht. Dabei gelingt es ihm, mit verhältnismäßig wenig Fachjargon auszukommen. Besondere Beachtung gibt er der Gestaltung des Therapiekontraktes, der Definition therapeutischer Ziele, strategischen Interventionen bei Entscheidungsproblemen und der Arbeit mit schwierigen Klienten. Im zweiten Teil zeigen Fallbeispiele aus Marcus' Lehr- und Therapiepraxis, daß sich hypnotische, paradoxe und strategische Vorgehensweisen auch mit eher traditionellen Methoden verbinden lassen."

Nathan Nordstein, Tübingen

Lynn Hoffman

GRUNDLAGEN DER FAMILIENTHERAPIE

Konzepte für die Entwicklung von Systemen
aus dem Amerikanischen übersetzt von Brigitte Eckert

ISBN 3-921648-47-5 394 Seiten. DM 54,–

In den vergangenen dreißig Jahren hat sich das Feld der Familientherapie rasch entwickelt. Bisher fehlte ein gemeinsamer Bezugsrahmen. Mit ihrem faszinierenden neuen Werk schließt Lynn Hoffman diese Lücke und verbindet die verschiedenen Methoden und Konzepte der Familientheorie und -therapie. Zugleich schlägt sie die Brücke zwischen Familienforschung und den anderen Sozialwissenschaften.
„Sorgfältig und klar geschrieben, fasziniert 'Grundlagen der Familientherapie' den Leser und bietet ihm gleichzeitig eine unerschöpfliche Quelle wichtiger Informationen. Kein Ausbildungskanditat kann darauf verzichten (....) es ist ein vorzügliches Buch."

Dr. Mara Selvini Palazzoli, Zentrum für Familienforschung, Mailand

„In diesem Band unternimmt Lynn Hoffman erfolgreich den lange erwarteten Versuch, Theorie und Technik der Familientherapie darzustellen und zu integrieren. Ihre Perspektive ist allumfassend: Sie verfügt über enzyklopädische Kenntnisse, die allein durch lange und aufmerksame Beobachtung ihrer tüchtigsten Kollegen gewonnen werden konnten. (....) Erst jetzt konnte dieses Buch geschrieben werden. Wir stehen am Ende des zweiten großen Entwicklungszyklus' des Feldes. Eine Bestandsaufnahme ist fällig, lose Enden müssen verknüpft und die Ernte muß eingebracht werden."

Donald A. Bloch, New York

111 Chancen für den Gruppenleiter, seine Gruppe zu faszinieren

Klaus W. Vopel (Hg.)

ANFANGSPHASE

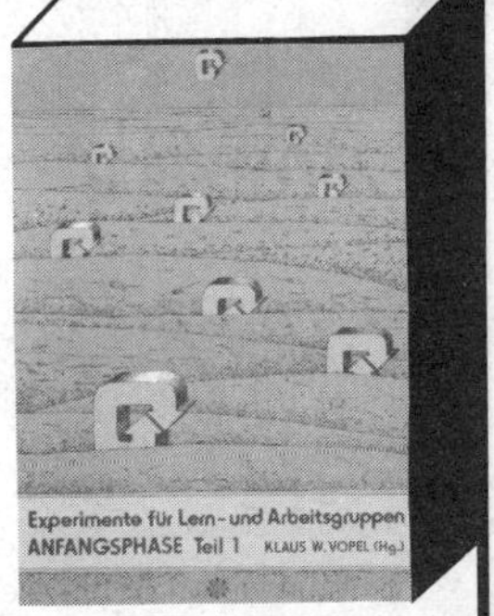

Experimente für Lern- und Arbeitsgruppen

Teil 1: NAMEN (Was steckt in meinem Namen?) – KONTAKT (Wie kann ich euch näherkommen?) WERTE (Was schätze ich?)

Teil 2: SELBSTBILD (Wer bin ich?) – BIOGRAPHISCHES (Woher komme ich, wohin gehe ich?) ZIELE (Was will ich hier lernen/arbeiten?)

ISBN 3-921648-54-8/55-6 je 108 Seiten pro Band DM 29,50

Die ersten Stunden im Leben einer Gruppe sind für Leiter und Teilnehmer kritisch. Oft begegnet der Leiter den Teilnehmern seiner Gruppe zum ersten Mal. Und oft treffen die Gruppenmitglieder mit unbekannten Teilnehmern zusammen.

Unausgesprochen stehen viele wichtige Fragen im Raum. Was für Menschen sind hier zusammengekommen? Wie reagieren sie? Was schätzen sie? Woher kommen sie? Wie werden sie auf mich reagieren? Wer wird mich beachten? Finde ich genügend Menschen, die zu mir passen? Für die ich mich interessiere? Welche Spielregeln gelten hier? Wie kann ich mich als Person vorstellen und Interesse für mich wecken? Passen meine Ziele zu denen der anderen? Werden wir uns auf gemeinsame Ziele einigen können? Und auch wenn sich Leiter und/oder Gruppenmitglieder kennen, ist der Start einer Gruppe meistens mit offenen Fragen und einem Gefühl von Fremdheit und Unbehagen verbunden: Was hat sich in der Zwischenzeit ereignet? Wie kann ich diesmal profitieren oder beitragen?
In der Anfangsphase ist es eine wichtige Aufgabe des Gruppenleiters, den Teilnehmern und sich selbst die Akklimatisierung im neuen Milieu zu erleichtern. Oft sind die Teilnehmer innerlich noch mit anderen Themen beschäftigt, die erst langsam in den Hintergrund treten. Daher ist der Gruppenleiter gut beraten, wenn er zu Beginn seiner Gruppe den Einstieg behutsam gestaltet und soweit wie möglich die spezifische Situation, Teilnehmer und Thema berücksichtigt. Die hier zusammengestellten Experimente helfen jugendlichen und erwachsenen Teilnehmern, miteinander in Kontakt zu treten und langsam zu einer funktionsfähigen Gruppe zu werden. Sie sind für die ersten Sitzungen gedacht, einschließlich der wichtigen Zielfindungs- und Kontraktverhandlungen. Sie geben dem Leiter die Chance, wichtige Eindrücke zu sammeln, um sich in Ruhe auf die Gruppe einzustellen.
Die Experimente bieten reiche Möglichkeiten für die unterschiedlichsten Gruppen und Gruppenleiter bei **vielen** Gelegenheiten.

50 reizvolle Möglichkeiten für den Gruppenleiter, die Entwicklung seiner Gruppe zu begleiten.

Klaus W. Vopel (Hg.)

STÖRUNGEN, BLOCKADEN, KRISEN

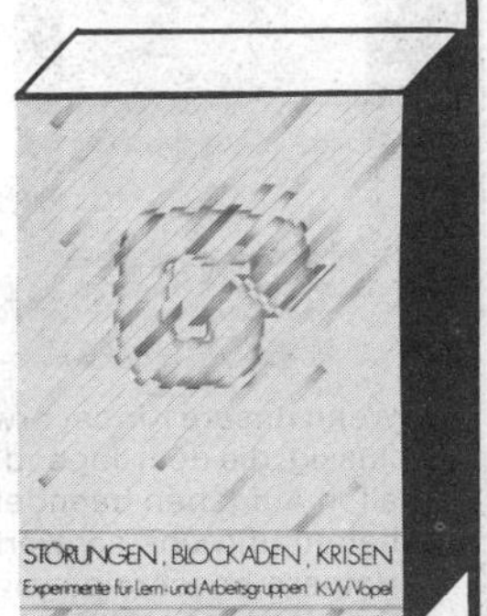

Experimente für Lern- und Arbeitsgruppen

ISBN 3-921648-56-4 108 Seiten DM 29,50

Auch wenn wir unsere Gruppen noch so umsichtig und taktvoll leiten, bemerken wir ab und zu Knoten im Gruppenprozeß: Spannungen zwischen Teilnehmern, blockierte Gefühle, Ablenkungen etc. Oder es treten besondere Ereignisse ein, welche die Gruppenmitglieder aufregen oder lähmen.
Nun sind wir als Gruppenleiter aufgefordert, der Gruppe zu helfen, ihre Verknotungen zu lösen.
Dafür erhält der Leiter von Lern-, Arbeits- und Therapiegruppen hier vielseitige Interventionsinstrumente. Mit ihnen kann er die Selbstheilungskräfte der Gruppe anregen, so daß die Arbeit optimistisch, zukunftsorientiert und humorvoll weitergeht.

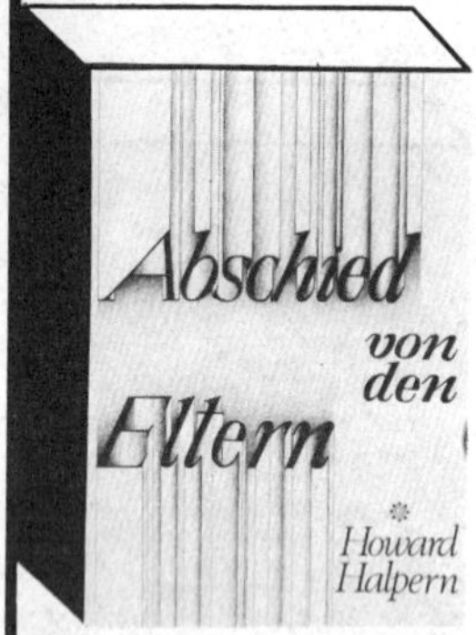

Howard Halpern

ABSCHIED VON DEN ELTERN

Eine Anleitung für Erwachsene, die Beziehung zu den Eltern zu normalisieren

übersetzt von Hartwig Eckert
und mit einem Vorwort zur deutschen Ausgabe
von Helga Aschaffenburg

ISBN 3-921648-20-3 222 Seiten DM 32,–

„Es ist ein erfreulicher Aspekt dieses Buches, daß es keinen Zorn oder Haß auf die Eltern predigt, sondern in einer humorvollen Art und Weise eine aufgeschlossene Atmosphäre beim Leser schafft, die das Fallmaterial als Verständnishilfe für eine Normalisierung der Beziehung zu den real existierenden Eltern und zu den verinnerlichten Elternaspekten anbietet.
Bei den vielen Beispielen wird sich jeder Leser irgendwo wiederfinden. Außerdem wird er viele Väter, Mütter, Ehepartner, Kinder und Kindeskinder aus seinem eigenen Leben wiedererkennen und besser verstehen lernen. Um jedoch einen tatsächlichen Zuwachs an Freiheit, Eigenverantwortlichkeit, Unabhängigkeit, Selbstsicherheit und Reife aus der Lektüre dieses Buches zu erhalten, bedarf es der Bereitschaft, sich auf sich selbst einzulassen und sich selbst zu erkennen.“

'Warum', April 1980

Howard Halpern

FESTHALTEN ODER LOSLASSEN

Wie Eltern zu ihren erwachsenen Kindern eine bessere Beziehung herstellen können

übersetzt aus dem Amerikanischen
von Brigitte Eckert

ISBN 3-921648-46-7 172 Seiten DM 32,–

Howard Halpern hat in seinem Buch 'Abschied von den Eltern' vielen Lesern geholfen, neue und liebevolle Beziehungen zu ihren Eltern zu entwickeln.
In diesem hier vorliegenden Buch untersucht Halpern die Eltern-Kind-Beziehung aus der entgegengesetzten Perspektive, um den Eltern zu helfen, ihre Beziehung zu erwachsenen Kindern zu verstehen und konstruktiv zu gestalten.
Wenn unsere Kinder erwachsen werden und ihr Leben selbst gestalten, dann wird unsere Elternrolle überflüssig, die dem Jugendlichen Grenzen setzte, Schutz gewährte und Unterstützung. Wir sehen, daß unsere alten Aufgaben beendet sind und spüren gleichwohl, daß wir eine lebenslange Bindung an unsere Kinder haben und uns schwertun, sie loszulassen.
Halpern beschreibt, wie wir am besten mit unseren inneren Schwierigkeiten fertig werden, die sich aus Entfremdung, schlichten Enttäuschungen oder aus Sorge um das erwachsene Kind ergeben? In seinem verständnisvollen und subtilen Buch zeigt Halpern uns Eltern, wie wir eine neue und weise Haltung einnehmen können.

Dr. Howard M. Halpern

LIEBE UND ABHÄNGIGKEIT

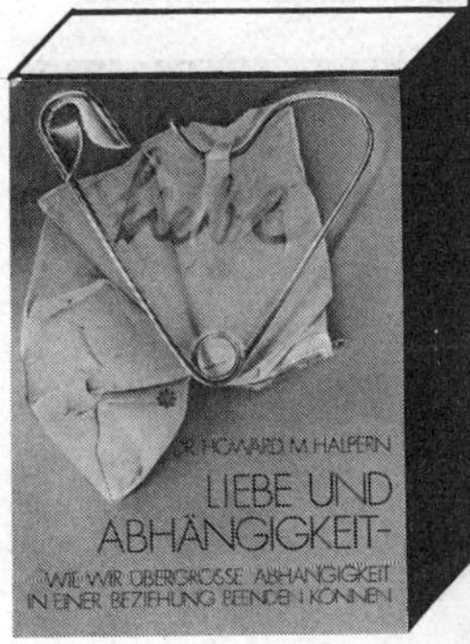

Wie wir übergroße Abhängigkeit in einer Beziehung beenden können

übersetzt von Brigitte Eckert

ISBN 3-921648-50-5 188 Seiten DM 32,–

Aus dem Vorwort:
„Dieses Buch wird all jenen als Anleitung angeboten, die in einer schlechten Beziehung festsitzen und wünschen, es wäre anders. Ich werde versuchen, das Rätsel zu lösen, warum Menschen in solchen Beziehungen bleiben, und ich werde versuchen, ihnen den Weg heraus zu zeigen.
Wenn ich auch hauptsächlich für jene schreibe, die sich in einer schlechten zentralen Beziehung befinden, zum Beispiel mit einem Geliebten oder mit einem Ehepartner, so können doch die Prinzipien, die ich entwickle, ebensogut auf Freunde, Verwandte, Angestellte und berufliche Tätigkeiten angewendet werden."

Aus dem Inhalt:
Gefangene der Liebe? – Hunger nach Zuneigung, die Grundlage der Abhängigkeit – Wirkung der Abhängigkeit – Der Gegenstand meiner Zuneigung – Selbsttäuschung und Abhängigkeit – Die Kunst, gefesselt zu bleiben – Zuneigungshunger: gut oder schlecht? – Das Durchbrechen der Abhängigkeit – Ausbruch aus einer Ehe in Abhängigkeit – Der Bruch mit einem Menschen, der mit einem anderen verheiratet ist – Techniken, eine Abhängigkeit zu durchbrechen – Nutzen der Psychotherapie, um die Abhängigkeit zu beenden – Aphorismen, mit denen man eine Abhängigkeit beenden kann – Gibt es ein Leben nach der Abhängigkeit?

Ein Übungsbuch für Paare und Partnergruppen mit 57 Experimenten und ergänzenden Interpretationen.

Klaus und Renate Vopel

ICH UND DU

Ein Kommunikationstraining für Partner

illustriert von Hilke Peters

ISBN 3-921648-01-7 156 Seiten DM 29,50

Dieses Kommunikationstraining kann Ihnen helfen, sich selbst und den Partner besser zu verstehen, ungenutzte Möglichkeiten in Ihrer Beziehung zu entdekken und lebendiger und offener miteinander zu kommunizieren.
Das von uns sorgfältig entwickelte Trainingsprogramm wirkt jedoch nur, wenn Sie selbst aktiv mitarbeiten – aufrichtig und realistisch, aufgeschlossen und neugierig, engagiert und geduldig. Bitte beachten Sie: Dies ist keine Schnellstraße zum Glück, eher ein langer Weg kleiner Einsichten. In vorsichtigen Schritten können Sie von Sitzung zu Sitzung weitergehen und von sich selbst und vom Partner lernen.

Eric Marcus

GESTALTTHERAPIE

In Verbindung mit geleitetem Bilderleben, neo-Reichianischer Körperarbeit und psychodramatischen Methoden

aus dem Amerikanischen übersetzt von Marei Portele

ISBN 3-921648-28-9 180 Seiten DM 32,–

„Marcus ermöglicht lebendiges Lernen: Aus buddhistisch beeinflußter (Gestalt-)Philosophie und Theorie erwächst die Praxis, und in dieser sind Philosophie und Theorie stets gegenwärtig. Innerhalb dieses Rahmens stellt er 'seine' Gestalttherapie vor, die erspüren läßt, daß er manche überlieferten Annahmen der Vorväter/-mütter und manche liebgewordene Stereotypie der Nachfahren 'durchgekaut' und verworfen hat.
Dieser Prozeß des verarbeitenden Aneignens kennzeichnet auch seine Verbindung von Gestalttherapie mit geleitetem Bilderleben, neo-Reichianischer Körperarbeit und psychodramatischen Methoden. Daß daraus kein modischer (Psycho-)Party-Salat mit allerlei exotischen Zutaten wird – vielmehr eine kompetent komponierte Feinschmeckercreation à la Marcus – hat für uns mit seiner Persönlichkeit, seiner menschlichen und wissenchaftlichen Integrität und seinem spezifischen Arbeitsstil zu tun.
Die Erkenntnis, daß Therapie und Beratung ein Stück Kunst sein können, ohne zum Kunststück zu verkommen, fasziniert uns. Das vorliegende Buch kann eine Herausforderung für alle darstellen, die ihre Interventionsmöglichkeiten als Therapeut und Berater vielfältiger und effizienter einsetzen wollen. Es dürfte eine Bereicherung für denjenigen sein, der am Menschenbild der humanistischen Psychologie und an ihren Vorstellungen vom persönlichen Wachstum interessiert ist."

Petra Assmann und Mario Campiglio, Heidelberg

Eric Marcus (Hrsg.)

WEISSE INDIANER

Entwicklung in der Gestalttherapie
Theoretische Konzepte - methodische Synthesen - Klientengruppen

aus dem Amerikanischen übersetzt von Marei Portele

ISBN 3-921648-44-0 200 Seiten DM 32,–

In diesem anregenden Band kommt die zweite Generation der Gestalttherapeuten zu Wort. Schüler und Freunde von Eric Marcus präsentieren ihre Konzepte, Techniken und spezifischen Erfahrungen mit unterschiedlichen Klientengruppen. Das Buch ist eine unerschöpfliche Fundgrube für Gestalttherapeuten und -berater. Es ermutigt sie, bisher zu kurz gekommene Aspekte in ihrer Arbeit stärker zu betonen.

Aus dem Inhalt:

• Edwin Greenberg, Gestalttherapie und Veränderung • Rohe N. Esbaugh, Das Arbeiten 'über' • Stephan A. Tobin, Lücken in Gestalt • Gary Yontef, Lücken in Gestalt • Rohe N. Esbaugh, Weiße Indianer • Naomi Pollack, Spiele des Improvisationstheaters und Gestalttherapie • Allen Darbonne, Integration von Körperarbeit und Gestalt • Bruce Derman, Namen-Therapie. Ein Zugang zur Vielfalt der Persönlichkeit • Frederick H. Grosse, Gespräch mit Gott • Stephan A. Tobin, Gestalttherapie mit frustierenden Klienten • Paul E. Paige, Arbeit mit Trinkern, die mit dem Trinken nicht aufhören wollen • John Elliot, Vickie Ficht, Grass-Roots. Gestalt mit Unterprivilegierten • Charles S. Brudo, Gestalttherapie mit Kindern • Violet Oaklander, Gestalt mit Kindern durch künstlerischen und kreativen Ausdruck • Frederick H. Grosse, Beratung vor der Ehe und schriftliche Übereinkommen • James Cole, Die Scheidung als Prozeß

Stanley Keleman

LEBE DEIN STERBEN

übersetzt und mit einem Vorwort
zur deutschen Ausgabe eingeleitet von Wolf Büntig

ISBN 3-921648-48-3 116 Seiten DM 32,–

»Ein warmherziges und weises Buch. Keleman zeigt, wie unsere Einstellung zum Sterben in enger Korrelation zu unserer Lebenseinstellung steht, so daß wir aus dem Sterben eine Aktivität machen können, die wir kreativ gestalten und nicht als puren Zufall erleiden. Dieses Buch ist mehr als ein Leitfaden zum Sterben. Es hilft uns, überhaupt mit Verlust, Leid, Unruhe, Kummer und Abschied umzugehen.«
Sam Keen 'Psychology Today'

»Am bedeutsamsten ist, daß Keleman sich in seinem Buch viel stärker mit dem Leben beschäftigt als mit dem Tod. Wenn wir unser tatsächliches Wissen vom Tod und unsere wirklichen Empfindungen unterdrücken — wie das in unserer Kultur üblich ist — dann versperren wir uns auch den Zugang zum Leben. Wenn wir uns mit der Todesthematik beschäftigen, wie Keleman das macht, dann werfen wir damit zugleich die Frage auf, was es bedeutet, menschlich und lebendig zu sein.«
Peter Marin, La Jolla

Gerald G. May

DER SANFTE WEG

ein Meditationshandbuch
aus dem Amerikanischen übersetzt von Brigitte Eckert

ISBN 3-921648-37-8 263 Seiten DM 32,–

Dieses lebendige Meditationshandbuch wendet sich sowohl an den Anfänger als auch an den Fortgeschrittenen. Der Psychotherapeut Gerald May geht von eigenen Erfahrungen aus, wenn er Einsichten und Techniken vermittelt. Dabei vermeidet er sowohl den trockenen theoretischen Jargon als auch das mystische Raunen. Vor allem betont er immer wieder, daß neben allen spezifischen Handlungen die Meditation viel eher eine innere Einstellung ist als ein trickreiches 'Bedienen' der richtigen inneren Knöpfe in unserer seelischen 'Apparatur'.

Fanita English

TRANSAKTIONSANALYSE

Gefühle und Ersatzgefühle in Beziehungen
herausgegeben von Michael Paula

ISBN 3-921648-29-7 262 Seiten DM 32,–

»Dieses Buch enthält eine Reihe von Materialien zum Thema Beziehungen. Es will deutlich machen, wie es zu Störungen, Ersatzgefühlen und Ausbeutungstransaktionen in zwischenmenschlichen Begegnungen kommt und welche Lösungsmöglichkeiten die Transaktionsanalyse hier bietet.
Insbesondere handelt es sich in diesem Buch um die von Fanita English entwickelte Racketanalyse, für die sie 1979 den Eric Berne Memorial Scientific Award der International Transactional Association erhalten hat.
Im Kapitel 13 (Widerstand) wird das ebenfalls von Fanita English entwickelte theoretische und therapeutische Konzept der Existentiellen Verhaltensmuster-Analyse (EVA) vorgestellt und von der Spiel und Skriptanalyse Bernes unterschieden.«
Michael Paula, Hamburg

Claudio Naranjo

TECHNIKEN DER GESTALTTHERAPIE

aus dem Amerikanischen übersetzt von Frank Höfer

ISBN 3-921648-21-1 DM 19,50

»Naranjos Buch ist ein Fragment und hat als solches den anregenden Charakter eines Arbeitspapiers, das in angenehmer Weise dem Eindruck so vieler Bücher entgeht, die im Zugzwang des Psychotherapie-Booms geschrieben werden, der Weisheit letzter Schluß zu sein. Perls' gelegentliche und so erfrischende Schnoddrigkeit wird in einzelnen Bereichen durch Genauigkeit vervollständigt. Zwischen übertechnisierenden Aufgliederungen in therapeutische Einzelschritte, bei denen die Subtilität des Gesamtzusammenhanges leicht aus dem Blick geraten kann, funkeln brillante Gedanken, die dank ihrer Präzision manche Mißverständnisse von praktizierenden Gestalttherapeuten und deren Klienten ins rechte Licht rücken. Um nur ein Beispiel zu nennen: Wie vielen hat nicht Perls aus dem Herzen gesprochen, als er von 'bullshit' und 'mind-fuck' sprach, um eine bestimmte Form intellektueller Tätigkeit an ihren Platz zu verweisen? Wieviele haben jedoch das Kind mit dem Bade ausgeschüttet und versucht, ihren Intellekt gleich ganz über Bord zu werfen? Dabei übersahen sie, daß jene Information von 'bullshit' und 'mind-fuck' aus einem Buch und von einem Manne stammte, der sein ganzes Leben nicht zuletzt mit Hilfe seines hervorragenden Denkvermögens zu dem fand, was heute Gestalttherapie heißt. Naranjo hat seinen Intellekt nicht über Bord geworfen — Gott sei Dank — und er beschreibt in seinem Buch, welchen Stellenwert Denken, 'Darüber'-Reden und theoretische Information auch in der therapeutischen Situation haben können.«

Frank Höfer

William C. Schutz

ENCOUNTER

aus dem Amerikanischen übersetzt
von Sascha Blomberg und Klaus Vopel

ISBN 3-921648-06-8 120 Seiten DM 29,50

Aus der Einleitung:
In meinen früheren Büchern, „Freude" und „Here Comes Everybody", beschreibe ich Encountertechniken und meine persönliche Entwicklung genauer. Das vorliegende Buch ist meine aktuellste, präziseste und umfassendste Aussage darüber, was ich über die Encountergruppe denke. Mein Buch ist für Kurse in den verschiedensten Bereichen geeignet, u. a. in der Psychotherapie, der klinischen Psychologie, der Sozialpsychologie, der Pädagogik, Krankenpflege, Theologie, Verwaltung, Soziologie etc. Es kann als Handbuch für Leiter und Teilnehmer von Encountergruppen nützlich sein, und es kann interessierten Laien helfen, die sich über Encountergruppen informieren wollen.

Joseph E. Shorr

PSYCHOIMAGINATION

aus dem Amerikanischen übersetzt
von Brigitte Eckert

ISBN 3-921648-38-6 260 Seiten DM 36,–

In Psychotherapie und Pädagogik ist unserer Phantasie in letzter Zeit wieder ein bedeutender Platz eingeräumt worden. Verhaltenstherapie, Psychosynthesis, Katathymes Bilderleben, Hapnotherapie, Mind Games – sie alle benutzen das Imaginationsvermögen des Klienten, um Anschauungen und Einstellungen zu klären und um Konflikte aufzulösen.
Mit seiner Psychoimaginationstherapie hat sich Shorr eingereiht in den Kreis der Meister von Desoille bis Leuner. Shorrs Bedeutung liegt u.a. in seinem klaren problemorientierten Vorgehen und in seiner technischen Vielfalt und Originalität.
„In vielen Fallbeispielen zeigt sich Shorrs aktive, einfühlsame und liebevolle Haltung den Patienten gegenüber in Verbindung mit einer ausgeprägten Bereitschaft, den Patienten zu helfen, auch in die Kernzone des Konflikts vorzudringen. Auf jeder Seite des Buches werden so viele geniale Techniken, so viele klare Grundprinzipien und methodische Anweisungen beschrieben, daß sich der Leser nach einiger Zeit von Beispielen überschwemmt fühlen mag. Dennoch wird der ernsthafte und geduldige Therapeut, der das Buch aufmerksam liest, die Quintessenz der Psychoimagination verstehen. Ich möchte hier auch nachdrücklich Shorrs erstes Buch ‚Psychoimagination Therapy' empfehlen, das einen ausgezeichneten Überblick über den ganzen therapeutischen Prozeß gibt. Das vorliegende Buch stellt diesen therapeutischen Ansatz in einen historischen Zusammenhang, beschreibt differenziertere und umfassendere Techniken und demonstriert die Anwendung der Psychoimagination in der Gruppentherapie."

Peter Wolson, Los Angeles

Eva Leveton

MUT ZUM PSYCHODRAMA

aus dem Amerikanischen übersetzt von Karl-R. Höhn

ISBN 3-921648-3-0 200 Seiten DM 29,50

Eva Leveton ist heute als Familientherapeutin am Family Therapy Center in San Francisco tätig. Vor ihrer klinischen Ausbildung und parallel zu ihrem Psychologiestudium arbeitete sie als Schauspielerin und gab selbst Schauspielunterricht. Dieser Hintergrund erklärt ihren vitalen Zugang zum Psychodrama. Das Buch ist eine hervorragende Beschreibung psychodramatischer Methoden und Möglichkeiten mit vielen Anregungen, Techniken und praktischen Vorschlägen für die Handhabung problematischer Situationen.

»Mut zum Psychodrama, ist ein wichtiges, lebendig geschriebenes und außerordentlich hilfreiches Buch. Es macht einige anscheinend sehr komplizierte Züge des menschlichen Wesens verständlicher und damit leichter veränderbar. Der Leser findet eine Fülle von Anregungen, Techniken und praktischen Vorschlägen für den Umgang mit alten und neuen Problemen, eingebettet in eine bodenständige Philosophie und angereichert mit einem guten Schuß Humor.«

Virginia Satir, Calgary

Klaus W. Vopel

HANDBUCH FÜR GRUPPENLEITER

Theorie und Praxis der Interaktionsspiele

ISBN 3-921648-33-5 160 Seiten DM 32,–

»Mit der Aufbereitung von Interaktionsspielen in der Reihe 'Lebendiges Lernen und Lehren' hat K. Vopel den Praktikern der Gruppenarbeit ein außerordentlich nützliches und entsprechend begehrtes Werkzeug in die Hand gegeben. — Das Handbuch für Gruppenleiter möchte ich für jeden, der sich dieses Arsenals bedient, zur Pflichtlektüre machen. So gut es K. Vopel gelingt, Angst vor der Anwendung von Interaktionsspielen zu nehmen, so wichtig ist die Information dieses Bandes für denjenigen, der verantwortlich am psychosozialen Lernen von Gruppen interessiert ist.
In der Thematik umfassend und in den Inhalten reichhaltig, kann dieses Buch dem Gruppenleiter helfen, sich nicht wie der auf dem Einband abgebildete Cowboy zu fühlen, dessen Lasso sich verheddert hat.
Die Kunst, mit Interaktionsspielen umzugehen, wird nicht allein durch Übung erlernt, sie wächst mit den praxisnahen Erkenntnisten, die in vier Themenkreisen gefaßt sind: das Lernen, der Leiter, die Gruppe, Störungen. Mit den beiden letzten Kapiteln werden die vorher vermittelten Erkenntnisse für die Praxis aufbereitet. Besonders ausführlich — zugleich für mich am überzeugendsten — sind die Abschnitte über die Aufgaben des Leiters und den Umgang mit Störungen. In allen Kapiteln wird praxisnah geschrieben, mit einleuchtenden Beispielen und vielen Hinweisen auf Interaktionsspiele. Vor unrealistischen Heilserwartungen im Umgang mit Interaktionsspielen warnt der Verfasser, er ermahnt zur Klarheit und Besonnenheit, ermutigt, einen eigenen Stil zu entwickeln, erörtert unterschiedliche Standpunkte zu einigen Grundsatzfragen und vertritt selbst eine ausgewogene Meinung. Sehr realistisch wird die Frage der Abgrenzung gegenüber therapeutischen Gruppen behandelt.
Für den Anfänger ist dieses Buch anspruchsvoll genug, um ihn vor der Meinung zu bewahren, daß die Leitung von interaktionellen Gruppen ein Kinderspiel sei. Der Fortgeschrittene findet in diesem Buch eine hervorragende Möglichkeit, sein Wissen zu vertiefen. Der Erfahrene bekommt eine Art Checkliste in die Hand, mit deren Hilfe er überprüfen kann, ob er alle wichtigen Aspekte seiner Arbeit ausreichend beachtet.«

Reinhard Köster, Essen

180 Experimente für pädagogisch und therapeutisch arbeitende Gruppenleiter, die ihren Teilnehmern helfen wollen, ein positives Selbstkonzept zu entwickeln.

Klaus und Renate Vopel

SELBSTAKZEPTIERUNG UND SELBSTVERANTWORTUNG

Interaktionsspiele zur Persönlichkeitsentwicklung

Teil 1: Selbstbewußtsein – Selbsterhaltung – Selbsterkenntnis
Teil 2: Selbstakzeptierung – Selbstveränderung
Teil 3: Selbstverantwortung – Selbstbehauptung – Selbstbestätigung

ISBN 3-921648-24-6/25-4/26-2 je ca. 160 Seiten pro Band DM 32,–

Zu folgenden Themen finden Sie Experimente:

(1) Konzentration, Entspannung, Wahrnehmung, Gesundheit, Ernährung, Kleidung, Sexualität, Zeiteinteilung, Lebensgeschichte, Konflikte, Identität
(2) Stärke und Schwäche, Liebe und Ärger, Selbstachtung, Lebendigkeit, Neugier, Risikobereitschaft, Wünsche und Phantasien, Zukunft, soziale Entwicklung
(3) Werte und Ziele, soziale Verantwortung, Selbständigkeit und Freiheit, Umgang mit Forderungen, Zurückweisung, Manipulation, Zuwendung, Anerkennung

Die klassische Sammlung von 186 Experimenten für alle Gruppen mit Erwachsenen:

Klaus W. Vopel

INTERAKTIONSSPIELE

Teil 1 bis 6
mit Illustrationen von Hilke Peters

Jeder Band enthält Gruppenexperimente zu folgenden Themen:
Akzeptierung und Angst-Abbau in der Anfangsphase,
Wahrnehmen und Kommunizieren,
Aktivierung bei Müdigkeit und Unlust
Entwicklung von Vertrauen und Offenheit
Beziehungsklärung und Feedback
Umgang mit Einfluß, Macht und Konkurrenz,
Konsensus und Kooperation

ISBN 3-921648-12-2/14-9/15-7/16-5/17-3/18-1

je ca. 105 Seiten pro Band DM 21,50

Die Interaktionsspiele sind Arbeitsmittel für Lehrende in allen Bereichen, sowie für Gruppenleiter in helfenden und administrativen Berufen, die den Teilnehmern ihrer Gruppen ein erfahrungsbezogenes Lernen und motiviertes Arbeiten ermöglichen wollen. Dabei machen sich die Interaktionsspiele die Energien der Teilnehmer zunutze, die normalerweise als störend angesehen werden, wie zum Beispiel körperliches Bewegungsbedürfnis, Redefreudigkeit und Ausdruck von Gefühlen. Vor allem fördern sie die Interaktion mit anderen Gruppenmitgliedern und helfen, befriedigende persönliche Beziehungen innerhalb der Gruppe zu entwickeln. Durch die höhere Gruppenkohäsion hat der einzelne Lernende das Bewußtsein, nicht nur als Träger einer bestimmten Rolle zur Gruppe zu gehören, sondern auch als Person. Er fühlt sich akzeptiert und schätzt daher auch seinerseits leichter die anderen Teilnehmer. Da sein grundlegendes Bedürfnis nach Zugehörigkeit befriedigt ist, kann er seine psychische und intellektuelle Energie auf die Gruppenziele konzentrieren.

Die sorgfältige Auswahl und die ausführliche Darstellung der Interaktionsspiele gestatten auch gruppendynamisch unerfahrenen Gruppenleitern ein erstes, behutsames Experimentieren. Sie helfen jeder Lern- und Arbeitsgruppe, die Kommunikations- und Kooperationsfähigkeit der Teilnehmer und damit die Qualität des Gruppenprozesses zu verbessern und unterstützen die Gruppenteilnehmer in ihrer Persönlichkeitsentwicklung.

30 Phantasieexperimente für Kindergarten, Schule und Elternhaus – eine wunderbare Alternative zum Fernsehen!
Aus der Einführung:

Richard de Mille

SETZ MUTTER AUF DEN TIGER

aus dem Amerikanischen übersetzt
von Klaus Vopel

ISBN 3-921648-19-X 130 Seiten DM 26,50

„Die Spiele in diesem Buch sind geleitete, visuelle Phantasien, die ein Elternteil mit seinem Kind oder mit einer Gruppe von Kindern erproben kann. Wenn die Kinder sich mit diesen Phantasien beschäftigen, dann absolvieren sie ein Realitätstraining, das ihre Imagination nicht entmutigt. Während der Erwachsene dem Kind die Spiele vorliest, kann er lernen, wie er den Ausdruck der kindlichen Imaginationskraft gestatten und verstärken kann. Das Kind kann lernen, daß es Zeiten gibt, in denen es phantasieren darf, und Zeiten, in denen es sich der Realität zuwenden muß, und es kann lernen, daß beides zu seiner Zeit angebracht ist ... Ein falsches Realitätstraining und die Anhäufung von Abwehrmechanismen kann die Phantasie so beschneiden, daß ein munterer Vierjähriger innerhalb von zehn Jahren zu einem Pedanten oder zu einem Dummkopf wird. Imaginationsspiele sollen Phantasie lebendig halten, so daß Unterscheidungsvermögen und sprachliche Fähigkeiten die geistigen Blockaden ersetzen."

48 Interaktionsspiele erleichtern den Übergang aus der Familie in die Welt fremder und großer Gruppen. Sie helfen den Kindern, sich zurechtzufinden und selbständiger zu werden. Für Vorschule und Schule, Kindergarten und Heime.

Heidemaria Böschemeyer und Klaus Vopel

KOMMUNIKATION IM ERSTEN SCHULJAHR

Affektives Lernen für Fünf- bis Siebenjährige

mit Illustrationen von Traudel Marks-Collet

ISBN 3-921648-03-3 136 Seiten DM 26,50

„Das Buch ist für mich sehr nützlich in der Grundschularbeit. Es zeigt, daß Lernen Spaß machen kann und trägt wesentlich zur Persönlichkeitsbildung und Sozialerziehung der Kinder bei. Durch die Interaktionsspiele hat sich mein Verständnis für sechs- bis siebenjährige Kinder mit ihren Wünschen, Bedürfnissen und Problemen, ihren emotionalen und sozialen Ausdrucksmöglichkeiten erweitert und vertieft. Auch im Schulkindergarten habe ich erlebt, wie gehemmte Kinder gelöster, freier und kontaktfähiger, impulsive und unkonzentrierte Kinder gesteuerter und wahrnehmungsfähiger wurden. In besonderer Weise trugen die Interaktionsspiele zu einem guten Gruppenklima bei und weckten Interesse und Aufmerksamkeit. Dies wirkte sich auffallend positiv in anderen Lernbereichen aus."

216 Experimente, die Kindern helfen, ein positives Selbstkonzept zu entwickeln und ihre soziale Kompetenz zu erweitern. Für Leiter von Spiel-, Lern- und Therapiegruppen.

Klaus W. Vopel

INTERAKTIONSSPIELE FÜR KINDER

Affektives Lernen für Acht- bis Zwölfjährige

mit Illustraitonen von Hilke Peters

Teil 1: Kontakt, Wahrnehmung, Identität
Teil 2: Gefühle, Familie und Freunde
Teil 3: Kommunikation, Körper, Vertrauen
Teil 4: Schule, Feedback, Einfluß, Kooperation

ISBN 3-921648-32-7/34-3/35-1/36-X je ca. 115 Seiten pro Band DM 26,50

„Als besonders wohltuend empfinde ich die Zielangaben. Hier sind die Formulierungen frei von Anforderungen, die auf bestimmte, überprüfbare Lernergebnisse ausgerichtet sind. Was jeder einzelne erfährt und lernt und wohin die Gruppe durch ein Spiel kommt, läßt sich nicht durch Vorwegfixieren benennen. Vielmehr werden Lerngelegenheiten gezeigt, Tätigkeiten und Erfahrungen genannt, die die Kinder erleben, üben, ausdrücken und klären können. Es muß alles gründlich aufgenommen und verarbeitet werden. Darum nimmt die Auswertung nach jedem Spiel großen Raum ein. Es gibt jeweils einen ausführlichen Katalog an Auswertungsfragen. Darüberhinaus geben Erfahrungsmitteilungen und Beobachtungshinweise dem Leiter weitere Orientierung. Die gründliche und detaillierte Ausarbeitung jeder Übung erleichtert es dem Leiter vor allem sehr, die Übungen sachgerecht anzuleiten. Was ein Buch dieser Art überhaupt leisten kann, ist damit erfüllt.
So verstanden, sind die Interaktionsspiele eine wichtige Hilfe für Lehrer, die die thematischen Lernvorhaben ganzheitlich personal und emotional verwurzeln wollen; Pfarrer, die die theologischen Orientierungen beziehen wollen auf die Erlebnis- und Erfahrungsebene; Kinder- und Jugendgruppenleiter, die Spiel als Lebensvollzug ernstnehmen und Spielerfahrungen als Lebensorientierung zum Thema machen wollen; Familien, die miteinander ins Gespräch kommen wollen über die Dinge, die sie im Zusammenleben angehen."

Philip Neßling, Päd. Theol. Institut Bonn

Ca. 240 Experimente, die Jugendlichen helfen, ihre äußere und innere Selbständigkeit zu verstärken, ein positives Selbstkonzept zu entwickeln und sich in den für sie besonders schwierigen Lebensbereichen besser zurechtzufinden.

Klaus W. Vopel

INTERAKTIONSSPIELE FÜR JUGENDLICHE

Affektives Lernen für Zwölf- bis Einundzwanzigjährige

Teil 1: Werte, Ziele und Interessen, Schule und Lernen, Arbeit und Freizeit
Teil 2: Körper, Identität, Fähigkeiten und Stärken
Teil 3: Ablösung aus der Kindheitsfamilie, Liebe und Freundschaft, Sexualität
Teil 4: Lebensplanung, Probleme lösen, Kooperation

ISBN 3-921648-40-8/41-6/42-4/43-2 je ca. 160 Seiten pro Band DM 29,50

Die Zeit zwischen dem 12. und dem 21. Lebensjahr ist für unsere Entwicklung von besonderer Bedeutung. Wir distanzieren uns vorsichtig von den Eltern, bauen langsam bedeutsame Beziehungen zu anderen auf, wir treffen Entscheidungen darüber, wer wir sind, wie wir leben wollen und was wir von anderen erwarten können. Wir trainieren unsere Fähigkeiten und stecken berufliche Ziele ab. Kaum eine Lebensphase hat so gravierende Konsequenzen und ist gleichzeitig so belastend. Denn das Jugendalter ist nicht allein eine Periode des Aufbruchs, sondern auch eine Zeit der geheimen — und von Erwachsenen oft übersehenen — Trauer. Mit dem Abschied von der Kindheit verlieren wir wichtige Errungenschaften, z. B. das hohe Maß elterlicher Zuwendung, die Nachsicht der Erwachsenen, das Recht, mehr zu spielen als zu arbeiten, die uneingeschränkte Verpflichtung der Eltern, für uns zu sorgen. Und zugleich sind wir unsicher, wie weit wir den Ansprüchen der kommenden Jahre gewachsen sind, in denen wir all das lernen müssen, was zu einem Erwachsenen gehört.
Aufgrund unserer eigenen, zum Teil leidvollen Erfahrungen können wir, die Mitglieder erwachsener Generationen, die Jugendlichen heute unterstützen und ihnen helfen, ihre neuen geistigen und seelischen Energien konstruktiv zu entfalten. Dabei können die Interaktionsspiele dieser vier Bände eine wichtige Rolle spielen.

Mit 49 Gruppenexperimenten und 12 Meditationsübungen für den Letier ist dieses Buch eine wichtige Arbeitshilfe für Konfirmanden- und Religionsunterricht, sowie für kirchliche Gruppen mit Erwachsenen.

Klaus W. Vopel und Bernhard Wilde

GLAUBE UND SELBSTERFAHRUNG IM VATERUNSER

Ein Kurs für lebendiges Lernen im kirchlichen Unterricht

ISBN 3-921648-23-8 200 Seiten DM 29,50

„Eindrücklicher als theoretische Darlegungen führen die beiden Verfasser dem Leser vor Augen, daß die von den Humanwissenschaften angebotenen Wege zur Selbstverwirklichung des Menschen und eine sich im Vaterunser verankert wissende christliche Existenz einander keineswegs ausschließen. Vielmehr kommt es zu einer fruchtbaren Spannung zwischen theologischem und psychologischem Ansatz. 'Die Theologie wird dabei lebendiger und persönlicher und die Psychologie verbindlicher und wert-voller.' Durch Gewöhnung allzu glatt gewordene theologische Sätze werden mit dem Schmirgelpapier des Lebens gleichsam wieder aufgerauht. Grenzüberschreitungen von der einen Wissenschaft zur anderen können gefährden, sie können aber auch Unerwartetes aufscheinen lassen . . . Ich meine, daß diese Vaterunser-Auslegung Pflichtlektüre eines jeden Pfarrers sein sollte."

Pfr. Caspary, Rel. Päd. Studienzentrum EKHN

63 konzentrative und mobilisierende Experimente, um Lern- und Arbeitssitzungen einzuleiten.

Klaus W. Vopel

ANWÄRMSPIELE

Experimente für Lern- und Arbeitsgruppen

ISBN 3-921648-39-4 114 Seiten DM 29,50

Jeder Gruppenleiter kennt die zahlreichen Situationen, in denen die Teilnehmer zu Beginn der Arbeit müde oder zerstreut, unruhig oder überaktiv sind. Ein konzentrierter, von allen mitvollzogener Einstieg in die Arbeit ist dann nicht möglich, und der Gruppenleiter vergeudet meist seine Kraft, um die Energie der Gruppe entweder anzustacheln, zu dämpfen oder in gewünschte Richtungen zu lenken. Nicht nur in diesen extremen Fällen ist es menschenfreundlich, die eigentliche Arbeitsphase mit einer Anwärmaktivität einzuleiten.

Die hier zusammengestellten Anwärmexperimente helfen den jugendlichen und erwachsenen Teilnehmern, sich zu konzentrieren, sich körperlich und geistig zu entspannen und Energie zu sammeln bzw. sich zu Beginn der Arbeit zu aktivieren und körperlich und geistig in Bewegung zu kommen.

Aus dem Inhalt:
Konzentrative Experimente (den Körper entspannen – den Geist entspannen – Energie sammeln – das Zentrum finden) – Aktivierende Experimente (Paare – Kleingruppen – Plenum) – Massage-Experimente – Diagnostische Experimente

Für Berater, Personalentwickler, Sozialwissenschaftler und -Politiker

Burkhard Treude (Hrsg.)

ORGANISATIONSENTWICKLUNG

Praxismodelle aus der Bundesrepublik Deutschland

ISBN 3-921648-45-9 340 Seiten DM 56,–

Der Sammelband beleuchtet die O.E.-Szene in der Bundesrepublik. Das Spektrum der Berichte reicht vom mittelständigen Unternehmen bis zum Multi. Einige der Autoren gehören eher zu den „Homeostaten", andere zu den An- und Aufregern des Arbeitsfeldes.

Zu den 10 Erfahrungsberichten gehören u.a.:
Vom klassischen Training zur Organisationsentwicklung (Hartwig M. Herbst) – Organisationsentwicklung in einem internationalen Konzern (Günther Reichert) – Rückmeldungen in Entwicklungsprogrammen (Hans-Peter Fischer/Hans-Jürgen Heinicke) – Organisationsentwicklung als zusätzliche Dimension der Führung der LUX/OBI-Gruppe (Klaus Birker) – Funktionale Verwaltungsreform durch fortbildungsvermittelte Organisationsentwicklung (Michael Jaeger/Rainer Pitschas).

Klaus W. Vopel

MATERIALIEN FÜR GRUPPENLEITER

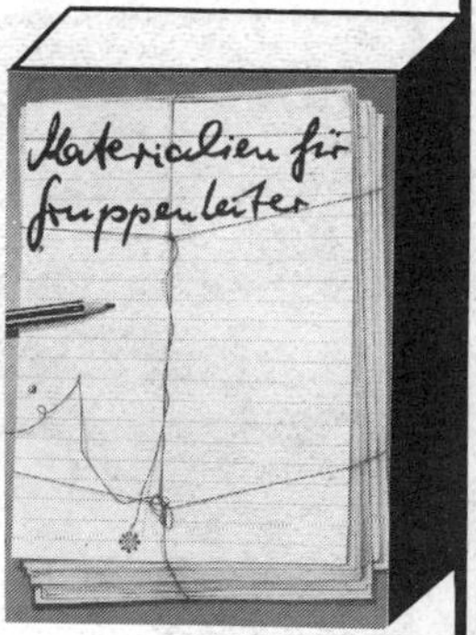

In dieser Reihe werden dem Gruppenleiter verschiedene spezielle Hilfsmittel an die Hand gegeben, die ihm helfen, den Gruppenprozeß konstruktiv zu beeinflussen und in allen Gruppen wiederkehrende kritische Situationen mit den Teilnehmern zu bearbeiten. Sie ergänzen die Sammlung der Interaktionsspiele.

DIAGNOSE DER GRUPPENSITUATION

ISBN 3-921648-07-6 Mappe mit 24 Blättern DM 19,50

Die 24 diagnostischen Gruppenexperimente dienen der gemeinsamen Analyse des Gruppenprozesses durch Teilnehmer und Gruppenleiter. Sie können zur genaueren Erfassung latenter Störungen verwendet werden und zur vorbeugenden Überprüfung bestimmter Problembereiche.

GESTALTUNG DER SCHLUSSPHASE

ISBN 3-921648-22-X Mappe mit 24 Blättern DM 19,50

Die 22 Gruppenexperimente orientieren sich vor allem an der gestalttherapeutischen Einsicht, daß Unerledigtes (unfinished business) mich an die Vergangenheit bindet und daran hindert, meine Energie auf die Gegenwart zu konzentrieren. Sie helfen den Teilnehmern, die Trennung nicht nur hinzunehmen, sondern ihren Abschied zu gestalten und die Rückkehr in die alltägliche private und berufliche Umgebung konstruktiv vorzubereiten.

KOMMUNIKATIONSREGELN IN GRUPPEN

ISBN 3-921648-31-9 Mappe mit 12 Blättern DM 19,50

Dies ist die handliche Ausgabe des bewährten Poster-Sets 'Grundregeln in Gruppen'. Sie können die zwölf Miniposter als Lehrmaterial bequem mit sich führen. Als humorvolle Gedächtnisstütze für menschenfreundliche Kommunikation finden sie überall Platz. Die zwölf Regeln und Grundsätze beiinhalten die meisten Regeln der Themenzentrierten Interaktion sowie einige wesentliche Ergänzungen.

UMGANG MIT KONFLIKTEN

ISBN 3-921648-57-2 Mappe mit 24 Blättern DM 19,50

Konflikte sind unausweichlich für alle Arten von Gruppen. Ohne Konflikte könnten wir unsere Grundbedürfnisse nach persönlicher Freiheit und sozialer Bindung nicht ausbalancieren.
Die 23 Experimente dieser Mappe helfen den Mitgliedern von Lern- und Arbeitsgruppen, eine positive Einstellung zu Konflikten zu entwickeln und sie konfliktfähig zu machen. Wichtiges Ziel ist es, latente Konflikte hervortreten zu lassen und so weit wie möglich einer Lösung zuzuführen.

TEAMENTWICKLUNG

ISBN 3-921648-58-0 Mappe mit 24 Blättern DM 19,50

Die 23 Experimente dieser Mappe helfen langfristig zusammenarbeitenden Gruppen, Loyalität und Kooperationsbereitschaft zu entwickeln und auszubauen. Sie eignen sich sowohl für neu gebildete als auch für schon längere Zeit bestehende Teams. Die Experimente sind so angelegt, daß ein Team auch ohne einen von außen kommenden Moderator damit arbeiten kann.

Serie A

Serie C

Serie B

Serie D

Wenn du deine Schafe zählst,
hältst du damit
die Wölfe nicht fern.

Albanien

Die halbe Wahrheit
ist die gefährlichste Lüge.

jiddisches Sprichwort

Serie E

KARTEN BEI ISKO-PRESS

Briefkarten-Serie A bis C

jeweils 12 verschiedene Briefkarten

1 Satz DM 16,50
2 Satz DM 28,00
3 Satz DM 34,50

Postkarten-Serie D

16 verschiedene Karten auf Wolkenkarton
per Satz DM 9,50

Karten-Serie E

24 verschiedene Karten
per Satz DM 18,50

POSTER BEI ISKO-PRESS

Mindestabnahme zwei Poster

Nr. 1

Nr. 2

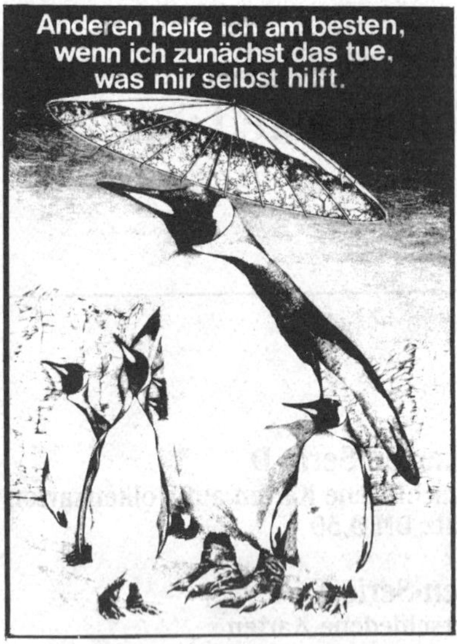

Nr. 5

Nr. 6

2 Poster in beliebiger Zusammenstellung DM 20,—
4 Poster in beliebiger Zusammenstellung DM 36,—
6 Poster in beliebiger Zusammenstellung DM 48,—
8 Poster in beliebiger Zusammenstellung DM 56,—

Nr. 3

Nr. 4

Nr. 7

Nr. 8

ab sofort Preisermäßigung:

Die zwölf Kommunikationsregeln fördern Produktivität und Klima in allen Gruppen, die auf ein Lern- bzw. Arbeitsthema zentriert sind.

Poster-Set: GRUNDREGELN IN GRUPPEN

DM 45,-

12 Poster (Format 84,5 x 58 cm) auf unterschiedlich getöntem, pastellfarbenen Grund ~~DM 120,-~~

Der Erfolg jeder Gruppe hängt davon ab, daß ein Minimum konstruktiver Verhaltensweisen von Teilnehmern und Gruppenleiter gemeinsam akzeptiert werden. Hier sind zwölf bewährte Grundregeln zusammengestellt, die Sie als Gruppenleiter frühzeitig im Leben einer Gruppe bekanntgeben sollten. Da viele dieser Grundregeln unseren üblichen kulturellen Normen widersprechen, sollen die humorvoll illustrierten Poster die Teilnehmer anregen, sich stärker mit ihnen auseinanderzusetzen und sie gründlicher zu verdauen. Folgende zwölf Grundregeln haben wir ausgewählt:

Ich spreche per Ich, nicht per Man, Wir oder Es.
Ich vermeide Verallgemeinerungen und Klischees.
Meine und deine Störungen haben Vorrang.
Ich spreche nicht über andere Teilnehmer, sondern ich rede sie direkt an.
Ich vermeide Seitengespräche.
Ich kann jederzeit Nein sagen.
Ich stelle keine Warum-Fragen, sondern Was-, Wann- und Wie-Fragen.
Was ich hier höre und sage, ist vertraulich.
Ich versuche, so aufrichtig wie mögich zu sprechen.
Ich versuche, so realistisch wie möglich zu sein.
Kontakt kommt vor Konsensus und Kooperation.
Ich versuche, möglichst gegenwärtig zu sein, indem ich Kontakt zum Hier und Jetzt halte.

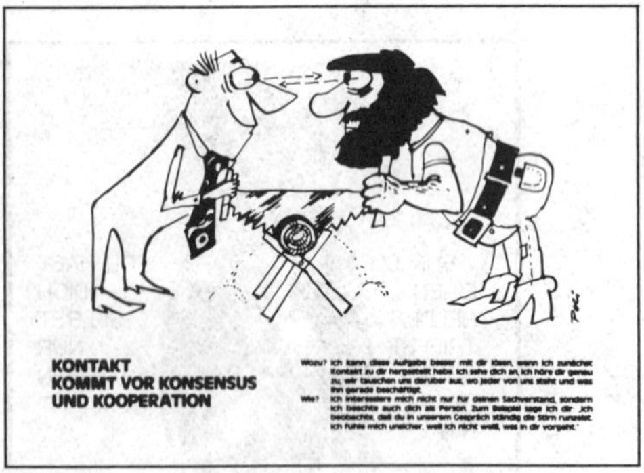

Für schriftliche Bestellungen

ISKO-PRESS, Walderseestraße 56, 2000 Hamburg 52

Für eilige telefonische Bestellungen sind wir zwischen 9.00 und 17.00 Uhr zu erreichen unter: **040 / 880 10 22**

BESTELLUNG

an ISKO-PRESS, Walderseestraße 56, 2000 Hamburg 52

Telefonische Bestellung zwischen 9.00 und 17.00 Uhr unter: 040 / 880 10 22

Mindestbestellwert DM 16,50

Wenn Sie der Bestellung einen Verrechnungsscheck beifügen, entstehen für Sie keine Porto- und Verpackungskosten.

Hiermit bestelle ich

Aus der Reihe LEBENDIGES LERNEN UND LEHREN:

.... Ex. Interaktionsspiele Teil 1 (LLL 1) DM 21,50 .... DM ....
.... Ex. Interaktionsspiele Teil 2 (LLL 2) DM 21,50 .... DM ....
.... Ex. Interaktionsspiele Teil 3 (LLL 3) DM 21,50 .... DM ....
.... Ex. Interaktionsspiele Teil 4 (LLL 5) DM 21,50 .... DM ....
.... Ex. Interaktionsspiele Teil 5 (LLL 6) DM 21,50 .... DM ....
.... Ex. Interaktionsspiele Teil 6 (LLL 7) DM 21,50 .... DM ....
.... Ex. Ich und Du (LLL 4) DM 29,50 .... DM ....
.... Ex. Handbuch für Gruppenleiter (LLL 8) DM 32,00 .... DM ....
.... Ex. Kommunikation im ersten Schuljahr (LLL 9) DM 26,50 .... DM ....
.... Ex. Interaktionsspiele für Kinder Teil 1 (LLL 10) DM 26,50 .... DM ....
.... Ex. Interaktionsspiele für Kinder Teil 2 (LLL 11) DM 26,50 .... DM ....
.... Ex. Interaktionsspiele für Kinder Teil 3 (LLL 12) DM 26,50 .... DM ....
.... Ex. Interaktionsspiele für Kinder Teil 4 (LLL 13) DM 26,50 .... DM ....
.... Ex. Setz Mutter auf den Tiger (LLL 14) DM 26,50 .... DM ....
.... Ex. Glaube und Selbsterfahrung im Vaterunser (LLL 15) DM 29,50 .... DM ....
.... Ex. Selbstakzeptierung und Selbstverantwortung Teil 1 (LLL 16) DM 32,00 ...... DM ....
.... Ex. Selbstakzeptierung und Selbstverantwortung Teil 2 (LLL 17) DM 32,00 ...... DM ....
.... Ex. Selbstakzeptierung und Selbstverantwortung Teil 3 (LLL 18) DM 32,00 ...... DM ....
.... Ex. Anwärmspiele für Lern- und Arbeitsgruppen (LLL 19) DM 29,50 .... DM ....
.... Ex. Interaktionsspiele für Jugendliche Teil 1 (LLL 20) DM 29,50 .... DM ....
.... Ex. Interaktionsspiele für Jugendliche Teil 2 (LLL 21) DM 29,50 .... DM ....
.... Ex. Interaktionsspiele für Jugendliche Teil 3 (LLL 22) DM 29,50 .... DM ....
.... Ex. Interaktionsspiele für Jugendliche Teil 4 (LLL 23) DM 29,50 .... DM ....
.... Ex. Anfangsphase Teil 1 (LLL 24) DM 29,50 .... DM ....
.... Ex. Anfangsphase Teil 2 (LLL 25) DM 29,50 .... DM ....
.... Ex. Störungen, Blockaden, Krisen (LLL 26) DM 29.50 .... DM ....

MATERIALIEN FÜR GRUPPENLEITER:

.... Ex. Diagnose der Gruppensituation, DM 19,50 .... DM ....
.... Ex. Gestaltung der Schlußphase, DM 19,50 .... DM ....
.... Ex. Kommunikationsregeln in Gruppen, DM 19,50 .... DM ....
.... Ex. Umgang mit Konflikten, DM 19,50 .... DM ....
.... Ex. Teamentwicklung, DM 19,50 .... DM ....

Übertrag .... DM ....

Übertrag: .... DM ....

Aus unserem weiteren Verlagsprogramm:

.... Ex. Marcus, Gestalttherapie, DM 32,00 .... DM ....
.... Ex. Marcus, Weiße Indianer, DM 32,00 .... DM ....
.... Ex. Marcus, Die Logik des Unlogischen, DM 21,50 .... DM ....
.... Ex. Naranjo, Techniken der Gestalttherapie, DM 19,50 .... DM ....
.... Ex. English, Transaktionsanalyse, DM 32,00 .... DM ....
.... Ex. Leveton, Mut zum Psychodrama, DM 29,50 .... DM ....
.... Ex. Schutz, Encounter, DM 29,50 .... DM ....
.... Ex. Shorr, Psychoimagination, DM 36,00 .... DM ....
.... Ex. Hoffman, Grundlagen der Familientherapie, DM 54,00 .... DM ....
.... Ex. Keleman, Lebe dein Sterben, DM 32,00 .... DM ....
.... Ex. Halpern, Abschied von den Eltern, DM 32,00 .... DM ....
.... Ex. Halpern, Festhalten oder Loslassen, DM 32,00 .... DM ....
.... Ex. Halpern, Liebe und Abhängigkeit, DM 32,00 .... DM ....
.... Ex. May, Der sanfte Weg, DM 32,00 .... DM ....
.... Ex. Treude, Organisationsentwicklung – Praxismodelle, DM 56,00 .... DM ....
.... Ex. Arnon, Zwischen Tradition und Wagnis, DM 19,50 .... DM ....
.... Ex. Kindergeburtstag, DM 12,00 .... DM ....
.... Ex. Unna, Blau ist der Himmel, DM 19,50 .... DM ....

Kartenserien A – C
1 Satz ISKO-Briefkarten Serie .... (DM 16,50) .... DM ....
2 Satz ISKO-Briefkarten Serie .... Serie .... (DM 28,00) .... DM ....
3 Satz ISKO-Briefkarten Serie .... Serie .... Serie .... (DM 34,50) .... DM ....

... Satz ISKO-Postkarten Serie D (DM 9,50) .... DM ....
... Satz ISKO-Karten Serie E (DM 18,50) .... DM ....

2 Poster Nr. .... Nr. .... (DM 20,00) .... DM ....
4 Poster Nr. .... Nr. .... Nr. .... Nr. .... (DM 36,00) .... DM ....
6 Poster Nr. .... Nr. .... Nr. .... Nr. .... Nr. .... Nr. .... (DM 48,00) .... DM ....
8 Poster Nr. .... Nr. .... Nr. .... Nr. .... Nr. .... Nr. .... Nr. .... Nr. .... (DM 56,00) DM ....
... Satz Grundregeln in Gruppen (Poster Set) DM 45,00 .... DM ....
Kosten für Porto und Verpackung .... DM 3,50

SUMME .... DM ....

○ Über den Gesamtbetrag füge ich einen Verrechnungsscheck bei.

○ Bitte schicken Sie mir die Sendung per Nachnahme. Die Gebühren übernehme ich.

Name .... Beruf ....

Anschrift ....

Datum .... Unterschrift ....

Ich bin bereits Kunde bei ISKO-PRESS ○ **Ja** ○ **Nein**